BuddhAll

BuddhAll.

All is Buddha.

BuddhAll

佛菩薩經典系列②

藥師佛・阿閦佛經典

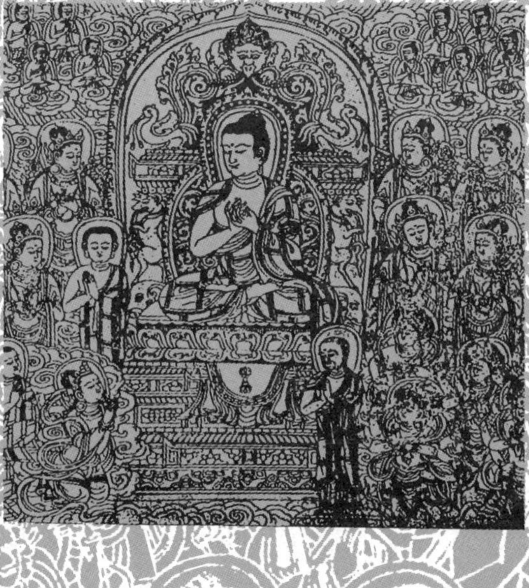

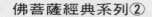

佛菩薩經典的出版因緣

佛菩薩經典的出版，帶給我們許多的法喜與希望。因為透過這些經典的導引，將使我們了悟佛菩薩的偉大聖德，不只能讓我們得到諸佛菩薩的慈光佑護，更能令我們吉祥願滿。最重要的是使吾等能隨學於彼，以他們作為生命的典範，學習他們偉大的生涯，成就佛智圓滿。

佛菩薩經典的集成，是秉持對諸佛菩薩的無上仰敬，祈望將他們的慈悲、智慧、聖德、本生及修證生活，完滿的呈現在真正修行的佛子之前。使皈依於他們的人，能夠擁有一本隨身指導修行的經典匯集，能時時親炙於他們的法身智慧；讓大家就宛如隨時擁有一座諸佛菩薩專屬的教化殿堂，完成「生活即佛經、佛經即生活」的希望。現在，我們將這一個成果，供養給這些偉大的佛菩薩，也將之呈獻給所有熱愛佛典的大眾。

為了讓大家能迅速的掌握經典的義理，此套佛典全部採用新式分段、標點，使讀者能事半功倍的總持佛心妙智；並在珍貴的生命旅程中，迅速掌握到幸福與光明的根源。

我們希望這一套書，能使大家很快地親見諸佛菩薩的真實面貌，將他們成為我們人生中最親切的導師。在歡樂幸福的時候，激勵大家不要放逸，精進修行，在憂鬱煩惱的時候，使大家獲得安寧喜悅；更重要的是幫助我們解脫自在，得到清淨的智慧光明。而我們更應當學習諸佛菩薩的大悲願力，成為無盡的燈明，並依止他們的威神加持，用慈悲與智慧來幫助一切衆生。

學習諸佛菩薩，使我們成為他們的使者，這個心願，是我們一直想推行的運動。或許有人會質疑：自己有什麼樣的資格，來成為佛菩薩的使者，甚至化身呢？但是，大乘佛法的根本，即是要我們發起菩提心，學習諸佛菩薩救度衆生的妙行。因此，菩薩的發心，首先是依止「衆生無邊誓願度，煩惱無盡誓願斷，法門無量誓願學，佛道無上誓願成」等共同的誓願，然後再依個別的因緣，發起不共的大願；這本來就是最根本的行持而已。而且這樣的發心，是任何人都可以也應該發起的，絕沒有條件與境界的限制。

所以，我們學習諸佛菩薩，當然初始時，根本無法如他們擁有廣大的慈悲、智慧。但是，我們可以學習成為他們的使者，成為他們百分之一、千分之一、萬分之一，乃至億萬分之一的化身；這樣還是可以立即發心，開始修習菩薩行的。只有當下立即發心開始修習，才是真正的開始啊！這是不需要任何預備動作的；開始時請立即開始，我們現在就成為無數分之一的佛菩薩，讓我們在這個充滿強而有力的科技文明，卻又十分混亂的世界中，幫助大家，也幫助自己吧！

這次佛菩薩經集編輯成十本，首先選擇與大家因緣深厚的佛菩薩，讓我們歡喜親近、體悟修習。這十本是：

一、阿彌陀佛經典
二、藥師佛・阿閦佛經典
三、普賢菩薩經典

四、文殊菩薩經典
五、觀音菩薩經典
六、地藏菩薩經典
七、彌勒菩薩・常啼菩薩經典
八、維摩詰菩薩經典
九、虛空藏菩薩經典
十、無盡意菩薩・無所有菩薩經典

我們希望透過這些經典的導引，能讓我們體悟諸佛菩薩的智慧悲心，也讓我們向彼等學習，使我們成為與阿彌陀佛、藥師佛、阿閦佛、觀音菩薩、文殊菩薩、普賢菩薩、地藏菩薩等同見同行的人。隨著自己的本願發心，抉擇一位佛菩薩學習，然後不斷增長，到最後迅速與諸佛菩薩完全相應，成為他們圓滿的化身，同一無二，成就佛智菩提，並使所有的眾生圓滿成佛。

凡例

一、關於本系列經典的選取，以能彰顯該佛或菩薩之教化精神為主，以及包含各同經異譯本，期使讀者能迅速了解諸佛菩薩之教法。

二、本系列經典選取之經文，以卷為單位；若是選取的經文為某卷中的一部分時，本系列經典仍保留卷題與譯者名，而其省略的部分，不再作說明及校勘。

三、本系列經典係以日本《大正新修大藏經》（以下簡稱《大正藏》）為底本，而以宋版《磧砂大藏經》（新文豐出版社所出版的影印本，以下簡稱《磧砂藏》）為校勘本，並輔以明版《嘉興正續大藏經》與《大正藏》本身所作之校勘，作為本系列經典之校勘依據。

四、《大正藏》有字誤或文意不順者，本系列經典校勘後，以下列符號表示之：

㈠改正單字者，在改正字的右上方，以「＊」符號表示之。如《藥師琉璃光七佛本願功德經》卷上的經名：

　藥師琉「瑠」光七佛本願功德經卷上《大正藏》

　藥師琉「璃」光七佛本願功德經卷上《磧砂藏》

校勘改作為：

　藥師琉*璃光七佛本願功德經卷上

㈡改正二字以上者，在改正之最初字的右上方，以「*」符號表示之；並在改正之最末字的右下方，以「☆」符號表示之。

如《阿閦佛國經》卷上〈阿閦佛剎善快品〉之中：

　其地行足蹈其上即「滅這」，舉足便還復如故《大正藏》

　其地行足蹈其上即「陷適」，舉足便還復如故《磧砂藏》

校勘改作為：

　其地行足蹈其上即*陷適☆，舉足便還復如故

五、《大正藏》中有增衍者，本系列經典校勘刪除後，以「①」符號表示之；其

中圓圈內之數目，代表刪除之字數。

如《大寶積經》卷二十〈往生因緣品〉之中：

於「彼彼佛剎」隨樂受生《大正藏》

於「彼佛剎」隨樂受生《磧砂藏》

校勘改作為：

於彼①佛剎隨樂受生

六、《大正藏》中有脫落者，本系列經典校勘後，以下列符號表示之：

㈠脫落補入單字者，在補入字的右上方，以「⊙」符號表示之。

如《佛說無量清淨平等覺經》卷二之中：

如帝王雖於人中「好無比」，當令在遮迦越王邊住者《大正藏》

如帝王雖於人中「獲好無比」，當令在遮迦越王邊住者《磧砂藏》

校勘改作為：

如帝王雖於人中⊙獲好無比，當令在遮迦越王邊住者

㈡脫落補入二字以上者，在補入之最初字的右上方，以「◉」符號表示之，並在補入之最末字的右下方，以「☆」符號表示之。

如《佛說無量壽經》卷上之中：

乃至三千大千世界「眾生緣覺」，於百千劫悉共計挍《大正藏》

乃至三千大千世界「眾生悉成緣覺」，於百千劫悉共計挍《磧砂藏》

校勘改作為：

乃至三千大千世界眾生◉悉成☆緣覺，於百千劫悉共計挍

㈢有脫落字而無校勘者，以「□」符號表示之。

如《藥師如來念誦儀軌》之中：

令　又令須蓮臺《大正藏》

《磧砂藏》無此經，而《大正藏》之校勘中，除原藏本外，並無他本藏經之校勘，故為標示清楚，特作為：

令□又令須蓮臺

七、本系列經典依校勘之原則，而無法以前面之各種校勘符號表示清楚者，則以「㊟」表示之，並在經文之後作說明。

八、《大正藏》中，凡不影響經義之正俗字（如：恆、恒）、通用字（如：蓮「華」、蓮「花」）、音譯字（如：目「犍」連、目「乾」連）等彼此不一者，本系列經典均不作改動或校勘。

九、《大正藏》中，凡現代不慣用的古字，本系列經典則以教育部所頒行的常用字取代之（如：讃→讚），而不再詳以對照表說明。

十、凡《大正藏》經文內本有的小字夾註者，本系列經典均以小字雙行表示之。

十一、凡《大正藏》經文內之咒語，其斷句以空格來表示。若原文上有斷句序號而未空格時，則本系列經典均於序號之下，加空一格；但若作校勘而有增補空格或刪除原文之空格時，則仍以「◎」、「①」符號校勘之。又原文若無序號亦未斷句者，則維持原樣。

十二、本系列經典之經文，採用中明字體，而其中之偈頌、咒語及願文等，皆採用正楷字體。另若有序文或作註釋說明時，則採用仿宋字體。

十三、本系列經典所作之標點、分段及校勘等，以儘量順於經義為原則，來方便讀者之閱讀。

藥師佛・阿閦佛經典序

藥師如來（梵名Bhaiṣajya-guru-vaiḍūrya-prabhā-rājah藥師琉璃光王），通稱為藥師琉璃光如來，簡稱藥師佛。依《佛說藥師如來本願經》（隋達磨笈多譯）說：「東方過此佛土十恒河沙等佛土之外，有世界名為淨琉璃，彼土有佛名藥師琉璃光如來。」藥師琉璃光如來名號的來源，是以其能拔除眾生生死之病，名為藥師；能照破三有之黑闇，故名琉璃光。

藥師佛現身為東方琉璃世界的教主，領導著日光遍照與月光遍照二大菩薩等眷屬，化導眾生。依《藥師經疏》引述藥師佛與二大菩薩的由來，說到：過去世界有電光如來出世，說三乘法度眾生。爾時有一梵士育有二子，見世界濁亂而發菩提心，要教化世界諸苦眾生。佛以其發願欲利重病眾生，改其號為醫王；二子皆饒益幽冥眾生，長子名日照，次子名月照。爾時醫王，即為東方藥師如來，二子即為二大菩薩──日光遍照菩薩、月光遍照菩薩。

藥師如來的弘法利生工作，是秉持在行菩薩道時所發的十二大願而來。這十二大願滿足眾生世間、出世間的諸般願求。在出世間上，藥師佛希望在成就菩提時「令一切有情如我無異」、「令遊履菩提正路」等。而在世間上則有「使眾生飽滿所欲而無令少」、「使一切不具者諸根完具」、「除一切眾生眾病，令身心安樂」、「使眾生解脫惡王劫賊等橫難」等願。

這些誓願基本上，雖然也在促使眾生早證菩提，但另一方面也著重於為眾生求得現世的安樂，這與阿彌陀佛偏向來生往生極樂的安樂有所不同。這也是佛教界稱呼藥師如來為「消災延壽藥師佛」，而將藥師法視為現生者消災延壽法門的理由。

東方琉璃世界純一清淨，地為淨琉璃所敷成，城闕、宮殿等，也都由七寶所成。其國土中無諸染欲，也沒有三惡趣等苦惱。其莊嚴殊勝之處，就宛如極樂世界阿彌陀佛的淨土一般。

至於阿閦佛（梵名akṣobhya-buddha），漢譯有阿閦鞞、無瞋恚、不動、無動等的名號，是東方世界的佛陀，在大乘佛法中，有極重要的地位，現在住持於東方的妙喜淨土。

阿閦佛於因地時，在東方有阿比羅提（Abhirati 譯為妙喜，甚可愛樂的意思）國土，大目（或譯為「廣目」）如來出世，說菩薩六波羅蜜。那時有一比丘，願意修學菩薩行。大目如來對他說：「學諸菩薩道者甚亦難。所以者何？菩薩於一切人民及蜎飛蠕動之類，不得有瞋恚。」（《阿閦佛國經》卷上）

這位比丘受了大目如來的啟發，乃發起「對眾生不起瞋恚」的誓願，所以大家就稱他為「阿閦」菩薩。阿閦就是不瞋恚、無忿怒之意，引申為對一切眾生恆起慈悲心，永不為瞋恚所動，所以亦稱為不動或無動。

一個菩薩發願成佛，當然要具足許多誓願，而對於一切眾生起慈悲心，不為瞋恚所動，是為阿閦菩薩的根本誓願。這個誓願，其實也是菩薩行者的共同心理基礎。阿閦佛在因地中的累劫修行，就是秉持著這個誓願，從事於修習六波羅蜜及斷除三毒的修道歷程。

在阿閦佛的因地誓願中，有一個特別的誓願，如《阿閦佛國經》卷上之中說：「世間母人有諸惡露。我成最正覺時，我佛剎中母人有諸惡露者，我為欺是諸佛世尊。」經中又說等到阿閦菩薩成佛之後，阿閦佛剎的女人生產時，身心不疲，意念安穩，無有諸苦；也沒有女人的一切諸苦。阿閦佛在因地發願修行時，以不瞋恚為根本誓願，但也注意到女人痛苦的解除。

大乘佛法興起時，顯然不滿於女人所受的不平等及苦難。大乘經典中，每每有發願來生脫離女身，轉女成男的（如《藥師經》）；也有現生轉女成男（如《法華經》龍女轉男身成佛）；這是不滿於女身的諸苦難，而想厭離。然而阿閦菩薩卻以為，只要解脫女人身體及生產的所有苦痛即可，而女人在世間與出世間中，一切所為和修證，與男子並沒有不同。

阿閦佛在東方阿比羅提世界的七寶樹下成佛，佛剎名為「妙喜」。基於他的願力，這一佛剎沒有三惡道；大地平正，沒有山谷石礫，柔軟而隨足的高低。一切人都行善事，淫泆、瞋怒、愚痴之念甚薄。樹上有自然香美的飲食，與五色華麗的衣服，均能隨意取用。住處皆為七寶所成，浴池有八功德水。沒有外道邪說，也沒有國王，而以阿閦佛為法王。總之，妙喜淨土的境界極為殊勝，乃是阿閦佛本願所感召。

依《大寶積經》所說，往生妙喜世界的因緣有多種，但是最根本的因緣則是「應學不動如來往昔菩薩行，發弘誓心願生其國。」另外必須具備行六波羅蜜，善根迴向，願生阿閦佛國；並願當來得見阿閦佛的光明而成就大覺等因緣。總之往生阿閦佛的國土，是需要修習清淨的願行才行。

阿閦佛國的聲聞弟子，是不於精舍集住的；佛沒有為他們制戒，他們也沒有受戒。所以沒有和合大眾，也沒有舉行羯磨，只是在阿蘭若處獨住修行。在妙喜世界中，「諸菩薩摩訶薩，在家者止高樓上；出家為道者，不在舍止。」（《阿閦佛國經》卷下）在妙喜世界的出家者，是沒有制戒、受戒的，過著獨來獨往、自由的修道生活。

在我們甚為熟悉的《維摩詰所說經》中，曾經對阿閦佛有扼要的描述；該經中的維摩詰居士，就是從阿閦佛的妙喜世界轉生來此土的。而西藏的密勒日巴尊者在涅槃之時，首先朝禮的也就是東方的阿閦佛。

為了彰顯藥師佛與阿閦佛的兩位東方佛陀的廣大功德，使信仰他們的佛子，能夠學習他們的慈悲、智慧與大願，疾速的總持受用他們的教法。所以，我們欣喜的將藥師佛與阿閦佛的相關重要經典，編輯成一冊，而使所有的人，都能迅速地正確理解經中的義理、教法。

我們期望所有的人都能隨身攜帶這本經集，做為隨時參考的智慧手冊。讓大家能隨時隨地的憶念佛陀的勝行，使我們在困頓時能有依止，煩惱時安住清涼，平順時惕勵精進，修行時具足光明的導引。讓藥師佛與阿閦佛的法身常住我們的心中，使我們能漸漸的具足悲心、智慧，證得無上菩提。

祈望大眾一心憶念佛陀，讓我們能在藥師佛與阿閦佛的加被之下，成就一切吉祥的功德，早證佛果。

目錄

阿閦佛經典

阿閦如來念誦供養法

唐 不空譯

藥師琉璃光如來本願功德經

藥師琉璃光如來本願功德經

大唐三藏法師玄奘奉　詔譯

如是我聞：一時，薄伽梵遊化諸國，至廣嚴城住樂音樹下，與大苾芻眾八千人俱，菩薩摩訶薩三萬六千，及國王、大臣、婆羅門、居士、天、龍、藥叉、人非人等無量大眾，恭敬圍繞而為說法。

爾時，曼殊室利法王子承佛威神，從座而起，偏袒一肩，右膝著地，向薄伽梵曲躬合掌，白言：「世尊！惟願演說如是相類諸佛名號，及本大願殊勝功德，令諸聞者業障銷除，為欲利樂像法轉時諸有情故。」

爾時，世尊讚曼殊室利童子言：「善哉！善哉！曼殊室利！汝以大悲，勸請我說諸佛名號、本願功德，為拔業障所纏有情，利益安樂像法轉時諸有情故。汝今諦聽！極善思惟，當為汝說。」

曼殊室利言：「唯然！願說！我等樂聞。」

佛告曼殊室利：「東方去此過十殑伽沙等佛土，有世界名淨琉璃，佛號藥師琉璃光如來、應、正等覺、明行圓滿、善逝、世間解、無上丈夫、調御士、天人師、佛、薄伽梵。曼殊室利！彼佛世尊藥師琉璃光如來，本行菩薩道時發十二大願，令諸有情所求皆得：

第一大願：願我來世得阿耨多羅三藐三菩提時，自身光明熾然照曜無量無數無邊世界，以三十二大丈夫相、八十隨好，莊嚴其身，令一切有情如我無異。

第二大願：願我來世得菩提時，身如琉璃內外明徹，淨無瑕穢光明廣大，功德巍巍身善安住，焰網莊嚴過於日月，幽冥衆生悉蒙開曉，隨意所趣作諸事業。

第三大願：願我來世得菩提時，以無量無邊智慧方便，令諸有情皆得無盡所受用物，莫令衆生有所乏少。

第四大願：願我來世得菩提時，若諸有情行邪道者，悉令安住菩提道中；若行聲聞、獨覺乘者，皆以大乘而安立之。

第五大願：願我來世得菩提時，若有無量無邊有情於我法中修行梵行，一切皆令得不缺戒，具三聚戒；設有毀犯，聞我名已，還得清淨，不墮惡趣。

第六大願：願我來世得菩提時，若諸有情其身下劣、諸根不具、醜陋、頑愚、盲聾、瘖瘂、攣躄、背僂、白癩、癲狂種種病苦；聞我名已，一切皆得端正黠慧，諸根完具，無諸疾苦。

第七大願：願我來世得菩提時，若諸有情眾病逼切，無救、無歸、無醫、無藥、無親、無家，貧窮多苦；我之名號一經其耳，眾病悉得除，身心安樂，家屬資具悉皆豐足，乃至證得無上菩提。

第八大願：願我來世得菩提時，若有女人為女百惡之所逼惱，極生厭離，願捨女身；聞我名已，一切皆得轉女成男，具丈夫相，乃至證得無上菩提。

第九大願：願我來世得菩提時，令諸有情出魔羂網，解脫一切外道纏縛；若墮種種惡見稠林，皆當引攝置於正見，漸令修習諸菩薩行，速證無上正等菩提。

第十大願：願我來世得菩提時，若諸有情王法所錄，縲縛鞭撻、繫閉牢獄，或當刑戮，及餘無量災難凌辱，悲愁煎迫，身心受苦；若聞我名，以我福德威神力故，皆得解脫一切憂苦。

第十一大願：願我來世得菩提時，若諸有情飢渴所惱，為求食故造諸惡業；得聞我名，專念受持，我當先以上妙飲食飽足其身，後以法味畢竟安樂而建立之。

第十二大願：願我來世得菩提時，若諸有情貧無衣服，蚊虻、寒熱晝夜逼惱；若聞我名，專念受持，如其所好，即得種種上妙衣服，亦得一切寶莊嚴具，華鬘、塗香、鼓樂、眾伎，隨心所翫，皆令滿足。

「曼殊室利！是為彼世尊藥師琉璃光如來、應、正等覺，行菩薩道時所發十二微妙上願。

「復次，曼殊室利！彼世尊藥師琉璃光如來行菩薩道時，所發大願及彼佛土功德莊嚴，我若一劫、若一劫餘說不能盡。然彼佛土一向清淨，無有女人，亦無惡趣及苦音聲；琉璃為地，金繩界道，城闕、宮閣、軒窗、羅網皆七寶成，亦如西方極樂世界，功德莊嚴等無差別。於其國中有二菩薩摩訶薩：一名日光遍照，二名月光遍照，是彼無量無數菩薩衆之上首，悉能持彼世尊藥師琉璃光如來正法寶藏。是故，曼殊室利！諸有信心善男子、善女人等，應當願生彼佛世界。」

爾時，世尊復告曼殊室利童子言：「曼殊室利！有諸衆生不識善惡，唯懷貪悋，不知布施及施果報，愚癡無智闕於信根，多聚財寶勤加守護；見乞者來其心不喜，設不獲已而行施時，如割身肉深生痛惜。復有無量慳貪有情，積集資財，於其自身尚不受用，何況能與父母、妻子、奴婢、作使及來乞者！彼諸有情從此命終，生餓鬼界或傍生趣，由昔人間曾得暫聞藥師琉璃光如來名故，*今在惡趣暫得憶念彼如來名，即於念時從彼處沒，還生人中。得宿命念，畏惡趣苦不樂欲樂，好行惠施讚歎施者；一切所有悉無貪惜，漸次尚能以頭目、手足、血肉身分施來求者，況餘財物！

「復次，曼殊室利！若諸有情雖於如來受諸學處，而破尸羅；有雖不破尸羅，而破軌則；有於尸羅、軌則雖得不壞，然毀正見；有雖不毀正見，而棄多聞，於佛所說契經深義不能解了；有雖多聞而增上慢，由增上慢覆蔽心故自是非他，嫌謗正法為魔伴黨，如是愚人自行邪見，復令無量俱胝有情墮大險坑。此諸有情應於地獄、傍生、鬼趣流轉無窮，若得聞此藥師琉璃光如來名號，便捨惡行修諸善法，不墮惡趣。設有不能捨諸惡行，修行善法，墮惡趣者，以彼如來本願威力，令其現前暫聞名號，從彼命終還生人趣，得正見精進善調意樂，便能捨家趣於非家，如來法中，受持學處無有毀犯，正見多聞解甚深義，離增上慢不謗正法，不為魔伴，漸次修行諸菩薩行，速得圓滿。

「復次，曼殊室利！若諸有情慳貪嫉妬，自讚毀他，當墮三惡趣中，無量千歲受諸劇苦；受劇苦已，從彼命終來生人間，作牛、馬、駝、驢，恒被鞭撻飢渴逼惱，又常負重隨路而行；或得為人，生居下賤作人奴婢，受他驅役恒不自在。若昔人中，曾聞世尊藥師琉璃光如來名號，由此善因，今復憶念至心歸依；以佛神力衆苦解脫，諸根聰利智慧多聞，恒求勝法常遇善友，永斷魔羂破無明㲉，竭煩惱河，解脫一切生老病死、憂愁苦惱。

「復次，曼殊室利！若諸有情好憙乖離，更相鬪訟惱亂自他，以身、語、意，造作增長種種惡業；展轉常為不饒益事，互相謀害，告召山林樹塚等神；殺諸衆生，取其血肉祭祀藥叉、羅刹*婆等；書怨人名作其形像，以惡呪術而呪咀之，厭媚蠱道呪起屍鬼，令斷彼命及壞其身。是諸有情，若得聞此藥師琉璃光如來名號，彼諸惡事悉不能害；一切展轉皆起慈心，利益安樂，無損惱意及嫌恨心；各各歡悅，於自所受生於喜足，不相侵凌互為饒益。

「復次，曼殊室利！若有四衆：苾芻、苾芻尼、鄔波索迦、鄔波斯迦及餘淨信善男子、善女人等，有能受持八分齋戒，或經一年，或復三月，受持學處，以此善根，願生西方極樂世界無量壽佛所，聽聞正法，而未定者；若聞世尊藥師琉璃光如來名號，臨命終時，有八菩薩乘神通來示其道路，即於彼界種種雜色衆寶華中，自然化生。或有因此生於天上，雖生天中，而本善根亦未窮盡，不復更生諸餘惡趣；天上壽盡還生人間，或為輪王統攝四洲，威德自在，安立無量百千有情於十善道；或生刹帝利、婆羅門、居士大家，多饒財寶倉庫盈溢，形相端嚴眷屬具足，聰明智慧，勇健威猛如大力士。若是女人，得聞世尊藥師如來名號，至心受持，於後不復更受女身。」

爾時，曼殊室利童子白佛言：「世尊！我當誓於像法轉時，以種種方便，令諸淨信善男子、善女人等，得聞世尊藥師琉璃光如來名號，乃至睡中亦以佛名覺悟其耳。世尊！若於此經受持讀誦，或復為他演說開示，若自書，若教人書，恭敬尊重，以種種花香、塗香、末香、燒香、花鬘、瓔珞、幡蓋、伎樂而為供養；以五色綵，作囊盛之；掃灑淨處，敷設高座而用安處。爾時，四大天王與其眷屬，及餘無量百千天眾皆詣其所，供養守護。世尊！若此經寶流行之處，有能受持，以彼世尊藥師琉璃光如來本願功德，及聞名號，當知是處無復橫死，亦復不為諸惡鬼神奪其精氣；設已奪者還得如故，身心安樂。」

佛告曼殊室利：「如是！如是！如汝所說。曼殊室利！若有淨信善男子、善女人等，欲供養彼世尊藥師琉璃光如來者，應先造立彼佛形像，敷清淨座而安處之，散種種花燒種種香，以種種幢幡莊嚴其處；七日七夜受持八分齋戒，食清淨食，澡浴香潔著新淨衣；應生無垢濁心、無怒害心，於一切有情起利益安樂、慈悲喜捨平等之心，鼓樂歌讚右繞佛像；復應念彼如來本願功德讀誦此經，思惟其義，演說開示，隨所樂求，一切皆遂：求長壽得長壽，求富饒得富饒，求官位得官位，求男女得男女。若復有人忽得惡夢，見諸惡相或怪鳥來集，或於住處百怪出現；此人若以眾妙資具，恭敬供養彼世尊藥師琉璃光如來者，惡夢、惡相諸不吉祥皆悉隱沒，不能為患。或有水、火、刀、毒、懸嶮、惡象、師子、虎狼、熊羆、毒蛇、惡蠍、蜈蚣、蚰*蜒、蚊虻等怖，若能至心憶念彼佛恭敬供養，一切怖畏皆得解脫。若他國侵擾、盜賊反亂，憶念恭敬彼如來者亦皆解脫。

「復次，曼殊室利！若有淨信善男子、善女人等，乃至盡形不事餘天，惟當一心歸佛、法、僧，受持禁戒，若五戒、十戒、菩薩四百戒、苾芻二百五十戒、苾芻尼五百戒，於所受中或有毀犯，怖墮惡趣，若能專念彼佛名號恭敬供養者，必定不受三惡趣生。或有女人臨當產時受於極苦，若能至心稱名禮讚、恭敬供養彼如來者，眾苦皆除，所生之子身分具足，形色端正見者歡喜，利根聰明安隱少病，無有非人奪其精氣。」

爾時，世尊告阿難言：「如我稱揚彼佛世尊藥師琉璃光如來所有功德，此是諸佛甚深行處難可解了，汝為信不？」

阿難白言：「大德世尊！我於如來所說契經，不生疑惑。所以者何？一切如來身、語、意業無不清淨。世尊！此日月輪可令墮落，妙高山王可使傾動，諸佛所言無有異也。世尊！有諸眾生信根不具，聞說諸佛甚深行處，作是思惟：『云何但念藥師琉璃光如來一佛名號，便獲爾所功德勝利？』由此不信，反生誹謗，彼於長夜失大利樂，墮諸惡趣流轉無窮。」

佛告阿難：「是諸有情若聞世尊藥師琉璃光如來名號，至心受持不生疑惑，墮惡趣者無有是處。阿難！此是諸佛甚深所行難可信解，汝今能受，當知皆是如來威力。阿難！一切聲聞、獨覺及未登地諸菩薩等，皆悉不能如實信解，惟除一生所繫菩薩。阿難！人身難得，於三寶中信敬尊重亦難可得，得聞世尊藥師琉璃光如來名號復難於是！阿難！彼藥師琉璃光如來無量菩薩行、無量善巧方便、無量廣大願，我若一劫若一劫餘而廣說者，劫可速盡，彼佛行願、善巧方便無有盡也！」

爾時，衆中有一菩薩摩訶薩名曰救脫，即從座起，偏袒右肩，右膝著地，曲躬合掌而白佛言：「大德世尊！像法轉時，有諸衆生為種種患之所困厄，長病羸瘦不能飲食，喉脣乾燥，見諸方暗死相現前，父母、親屬、朋友、知識啼泣圍繞。然彼自身臥在本處，見琰魔使引其神識至于琰魔法王之前。然諸有情，有俱生神隨其所作，若罪若福皆具書之，盡持授與琰魔法王。爾時，彼王推問其人，算計所作，隨其罪福而處斷之。時彼病人親屬、知識，若能為彼歸依世尊藥師琉璃光如來，請諸衆僧轉讀此經，然七層之燈，懸五色續命神幡，或有是處，彼識得還，如在夢中明了自見。或經七日，或二十一日，或三十五日，或四十九日，彼識還時，如從夢覺，皆自憶知善不善業所得果報，由自證見業果報故，乃至命難，亦不造作諸惡之業。是故淨信善男子、善女人等，皆應受持藥師琉璃光如來名號，隨力所能恭敬供養。」

爾時，阿難問救脫菩薩曰：「善男子！應云何恭敬供養彼世尊藥師琉璃光如來？續命幡燈復云何造？」

救脫菩薩言：「大德！若有病人欲脫病苦，當為其人七日七夜受持八分齋戒；應以飲食及餘資具，隨力所辦供養苾芻僧；晝夜六時，禮拜供養彼世尊藥師琉璃光如來，讀誦此經四十九遍；然四十九燈，造彼如來形像七軀，一一像前各置七燈，一一燈量大如車輪，乃至四十九日光明不絕；造五色綵幡，長四十九搩手；應放雜類眾生至四十九，可得過度危厄之難，不為諸橫惡鬼所持。

「復次，阿難！若剎帝利灌頂王等，災難起時，所謂人眾疾疫難、他國侵逼難、自界叛逆難、星宿變怪難、日月薄蝕難、非時風雨難、過時不雨難，彼剎帝利灌頂王等，爾時應於一切有情起慈悲心，赦諸繫閉，依前所說供養之法，供養彼世尊藥師琉璃光如來。由此善根，及彼如來本願力故，令其國界即得安隱，風雨順時穀稼成熟，一切有情無病歡樂；於其國中，無有暴虐藥叉等神惱有情者，一切惡相皆即隱沒；而剎帝利灌頂王等，壽命色力無病自在皆得增益。阿難！若帝后、妃主、儲君、王子、大臣、輔相、中宮、采女、百官、黎庶，為病所苦及餘厄難，亦應造立五色神旛，然燈續明放諸生命，散雜色華燒眾名香，病得除愈眾難解脫。」

爾時，阿難問救脫菩薩言：「善男子！云何已盡之命而可增益？」救脫菩薩言：「大德！汝豈不聞如來說有九橫死耶？是故勸造續命幡燈，修諸福德；以修福故，盡其壽命不經苦患。」

阿難問言：「九橫云何？」救脫菩薩言：「有諸有情得病雖輕，然無醫藥及看病者，設復遇醫授以非藥，實不應死而便橫死。又信世間邪魔、外道、妖*孽之師，妄說禍福便生恐動，心不自正卜問覓禍，殺種種眾生解奏神明，呼諸魍魎請乞福祐，欲冀延年終不能得，愚癡迷惑信邪倒見，遂令橫死入於地獄，無有出期是名初橫。二者、橫被王法之所誅戮。三者、畋獵嬉戲耽婬嗜酒，放逸無度，橫為非人奪其精氣。四者、橫為火焚。五者、橫為水溺。六者、橫為種種惡獸所噉。七者、橫墮山崖。八者、橫為毒藥、厭禱、呪咀、起屍鬼等之所中害。九者、飢渴所困，不得飲食而便橫死。是為如來略說橫死，有此九種。其餘復有無量諸橫，難可具說。

「復次，阿難！彼琰魔王主領世間名籍之記，若諸有情不孝五逆破辱三寶，壞君臣法毀於信戒，琰魔法王隨罪輕重考而罰之，是故我今勸諸有情然燈造幡放生修福，令度苦厄不遭衆難。」

爾時，衆中有十二藥叉大將，俱在會坐，所謂：

宮毘羅大將　伐折羅大將　迷企羅大將　安底羅大將
頞儞羅大將　珊底羅大將　因達羅大將　波夷羅大將
摩虎羅大將　真達羅大將　招杜羅大將　毘羯羅大將

此十二藥叉大將，一一各有七千藥叉以為眷屬，同時舉聲白佛言：「世尊！我等今者蒙佛威力，得聞世尊藥師琉璃光如來名號，不復更有惡趣之怖。我等相率皆同一心，乃至盡形歸佛法僧，誓當荷負一切有情，為作義利饒益安樂，隨於何等村城、國邑、空閑林中，若有流布此經，或復受持藥師琉璃光如來名號恭敬供養者，我等眷屬衛護是人，皆使解脫一切苦難，諸有願求悉令滿足；或有疾厄求度脫者，亦應讀誦此經，以五色縷結我名字，得如願已然後解結。」

爾時，世尊讚諸藥叉大將言：「善哉！善哉！大藥叉將！汝等念報世尊藥師琉璃光如來恩德者，常應如是利益安樂一切有情。」

爾時，阿難白佛言：「世尊！當何名此法門？我等云何奉持？」

佛告阿難：「此法門名說藥師琉璃光如來本願功德，亦名說十二神將饒益有情結願神咒，亦名拔除一切業障，應如是持。」

時，薄伽梵說是語已，諸菩薩摩訶薩及大聲聞，國王、大臣、婆羅門、居士，天、龍、藥叉、揵達縛、阿素洛、揭路荼、緊捺洛、莫呼洛伽、人非人等，一切大眾聞佛所說，皆大歡喜信受奉行。

藥師琉璃光如來本願功德經

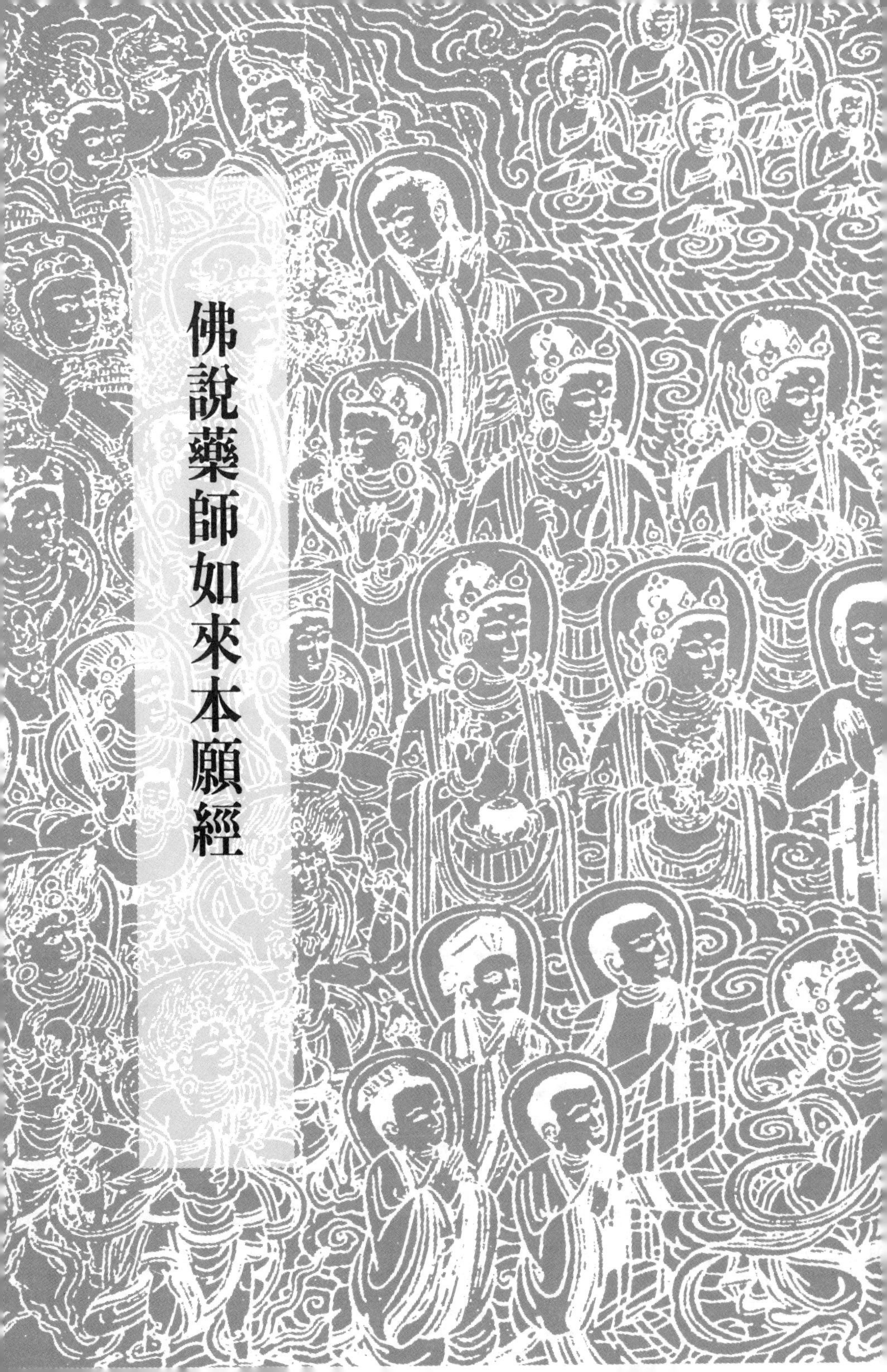

佛說藥師如來本願經

藥師如來本願功德經序

藥師如來本願經者，致福消災之要法也。曼殊以慈悲之力請說尊號，如來以利物之心盛陳功業。十二大願彰因行之弘遠，七寶莊嚴顯果德之純淨。憶念稱名則眾苦咸脫，祈請供養則諸願皆滿。至於病士求救，應死更生；王者攘災，轉禍為福。信是消百怪之神符，除九橫之妙術矣！

昔宋孝武之世，鹿野寺沙門慧簡已曾譯出在世流行，但以梵宋不融、文辭雜糅，致令轉讀之輩多生疑惑。矩早學梵書，恒披葉典，思遇此經，驗其紕謬。開皇十七年初獲一本，猶恐脫誤未敢即翻，至大業十一年復得二本，更相讎比，方為指定。遂與三藏法師達磨笈多，幷大隋翻經沙門法行、明則、長順、海馭等，於東都洛水南上林園翻經館重譯此本。深鑑前非，方懲後失，故一言出口，必三覆乃書，傳度幽旨，差無大過。其年十二月八日翻勘方了，仍為一卷。所願：此經深義，人人共解；彼佛名號，處處遍聞；十二夜叉念佛恩而護國，七千眷屬承經力以利民；帝祚遐永，群生安樂，式貽來世。序云爾。

佛說藥師如來本願經

新翻藥師經，大業十二年十二月八日，沙門慧矩等六人，於東都洛水南上林園譯出。此本最定，諸讀誦者願莫更疑，得罪不輕。

佛說藥師如來本願經

隋天竺三藏達摩笈多譯

如是我聞：一時婆伽婆遊行人間，至毘舍離國住樂音樹下，與大比丘衆八千人俱，菩薩三萬六千，國王、大臣、婆羅門、居士、天、龍、阿修羅、犍達婆、伽樓*荼、緊那羅、摩呼羅伽等大衆圍遶，於前說法。

爾時，曼殊室利法王子承佛威神，即從座起，偏露一髆，右膝著地，向婆伽婆合掌曲躬，白言：「世尊！唯願演說諸佛名號，及本昔所發殊勝大願，令衆生聞已業障消除，攝受來世正法壞時諸衆生故。」

爾時，婆伽婆讚曼殊室利童子言：「善哉！善哉！曼殊室利大慈悲者，起無量悲勸請我說，為欲義利種種業障所纏衆生，饒益安樂諸天人故。曼殊室利！當善憶念，聽我所說。」

時，曼殊室利童子樂聽佛說，白言：「唯然！世尊！」

佛告曼殊室利：「東方過此佛土十恒河沙等佛土之外，有世界名淨琉璃，彼土有佛，名藥師琉璃光如來、應、正遍知、明行足、善逝、世間解、無上士、調御丈夫、天人師、佛、世尊。曼殊室利！彼世尊藥師琉璃光如來本行菩薩行時，發十二大願。何者十二？

第一大願：願我來世於佛菩提得正覺時，自身光明熾然照曜無量無數無邊世界，三十二丈夫大相及八十小好以為莊嚴；我身既爾，令一切衆生如我無異。

第二大願：願我來世得菩提時，身如琉璃內外清淨，無復瑕垢光明曠大，威德熾然身善安住，焰網莊嚴過於日月；若有衆生生世界之間，或復人中昏暗及夜莫知方所，以我光故，隨意所趣作諸事業。

第三大願：願我來世得菩提時，以無邊無限智慧方便，令無量衆生界受用無盡，莫令一人有所少乏。

第四大願：願我來世得菩提時，諸有衆生行異道者，一切安立菩提道中；行聲聞道、行辟支佛道者，皆以大乘而安立之。

第五大願：願我來世得菩提時，若有衆生於我法中修行梵行，此諸衆生無量無邊，一切皆得不缺減戒，具三聚戒，無有破戒趣惡道者。

第六大願：願我來世得菩提時，若有衆生其身下劣，諸根不具、醜陋、頑愚、聾盲、跛躄、身攣、背傴、白癩、癲狂，若復有餘種種身病；聞我名已，一切皆得諸根具足、身分成滿。

第七大願：願我來世得菩提時，若有衆生諸患逼切，無護、無依、無有住處，遠離一切資生醫藥，又無親屬，貧窮可愍；此人若得聞我名號，衆患悉除，無諸痛惱，乃至究竟無上菩提。

第八大願：願我來世得菩提時，若有女人為婦人百惡所逼惱故，厭離女身，願捨女形；聞我名已，轉女人身成丈夫相，乃至究竟無上菩提。

第九大願：願我來世得菩提時，令一切衆生解脫魔網；若墮種種異見稠林，悉當安立，置於正見，次第示以菩薩行門。

第十大願：願我來世得菩提時，若有眾生種種王法繫縛鞭撻、牢獄應死，無量災難悲憂煎迫，身心受苦；此等眾生以我福力，皆得解脫一切苦惱。

十一大願：願我來世得菩提時，若有眾生，飢火燒身，為求食故作諸惡業；我於彼所，先以最妙色香味食飽足其身，後以法味畢竟安樂而建立之。

十二大願：願我來世得菩提時，若有眾生貧無衣服，寒熱、蚊虻日夜逼惱；我當施彼隨用*衣服，種種雜色如其所好，亦以一切寶莊嚴具，花鬘、塗香、鼓樂、眾伎，隨諸眾生所須之具，皆令滿足。

「此十二大願，是彼世尊藥師琉璃光如來、應、正遍知行菩薩時，本昔所作。

「復次，曼殊室利！藥師琉璃光如來所有諸願及彼佛土功德莊嚴，乃至窮劫說不可盡。彼佛國土一向清淨無女人形，離諸欲惡，亦無一切惡道苦聲。琉璃為地，城闕、垣墻、門窓、堂閣、柱樑、斗拱、周匝羅網皆七寶成如極樂國，淨琉璃界莊嚴如是。於其國中有二菩薩摩訶薩：一名日光，二名月光，於彼無量無數諸菩薩眾最為上首，持彼世尊藥師琉璃光如來正法之藏。是故，曼殊室利！信心善男子、善女人，應當願生彼佛國土。」

爾時，世尊復告曼殊室利童子言：「曼殊室利！或有眾生不識善惡，多貪無厭，不知布施及施果報；愚癡無智，闕於信根，聚財護惜，不欲分施。此等眾生無施心故，見乞者來，其心不喜，如割身肉。復有無量慳貪眾生，自不受用，亦不欲與父母妻子，況奴婢、作使及餘乞人！此等眾生人間命終，生餓鬼道或畜生道。由昔人間曾得聞彼藥師琉璃光如來名號故，或在鬼道或畜生道，如來名號暫得現前。即於念時，彼處命終，還生人道，得宿命智，怖畏惡趣，不樂欲樂，好行慧施，讚歎施者，一切所有悉能捨施，漸以頭目、手足、血肉身分皆與求者，況餘財物！

「復次，曼殊室利！有諸眾生雖奉如來受持學句，然破戒、破行、破於正見；或受學句、護持禁戒，然不求多聞，不解如來所說修多羅中甚深之義；或復多聞而增上慢，自是非他，嫌謗正法，為魔伴黨；此等癡人，及餘無量百千俱胝那由他眾生行邪道者，當墮地獄。此等眾生應於地獄流轉無期，以得聞彼世尊藥師琉璃光如來名號故，於地獄處，彼佛威力，如來名號暫得現前，即時捨命，還生人道；正見精進，淳善淨心，便能捨家，於如來教中出家學道，滿次修行菩薩諸行。

「復次，曼殊室利！或有眾生以妬忌故，但自稱讚不讚他人，此諸眾生以自高輕他故，於三惡道無量千歲受諸苦毒。過無量千歲已，於彼命終，生畜生趣作牛、馬、駝、驢，鞭杖捶擊，飢渴逼惱，身負重擔隨路而行；若生人道，常居下賤，為人奴婢，受他驅役。若昔人中聞彼世尊藥師琉璃光如來名號者，以此善根眾苦解脫，諸根猛利，聰慧博識，恒求善本，得與良友常相隨逐，能斷魔羂，破無明𣪍，竭煩惱河，解脫一切生老病死、憂悲苦惱。

「復次，曼殊室利！有諸眾生好喜乖離，更相鬪訟，此等互起惡心眾生，身口及意恒作諸惡。為欲相損，各各常以無益相加，或告林神、樹神、山神、塚神、種種別神；殺諸畜生，取其血肉祭祀一切夜叉、羅刹食血肉者；書怨人字，并作其形，成就種種毒害呪術、厭魅蠱道、起屍鬼呪，欲斷彼命及壞其身。由聞世尊藥師琉璃光如來名號故，此諸惡事不能傷損，皆得互起慈心、益心、無嫌恨心，各各歡悅，更相攝受。

「復次，曼殊室利！此諸四衆：比丘、比丘尼、優婆塞、優婆私，及餘信心善男子、善女人等受八分齋，或復一年，或復三月受持諸戒，以此善根，隨所憙樂，隨所願求。若欲往生西方極樂世界阿彌陀如來所者，由得聞彼世尊藥師琉璃光如來名號故，於命終時，有八菩薩乘空而來，示其道徑，即於彼界種種異色波頭摩華中自然化生。若復此人欲生天上，即得往生，本昔善根無有窮盡，不復更生諸餘惡趣；天上命盡，當生人間，為轉輪王，四洲自在，安立無量百千俱胝那由他衆生於十善業道；或復生於剎利大族、婆羅門大族、居士大家，金銀粟帛倉庫盈滿，形色具足、自在具足、眷屬具足，勇健多力如大力士。若有女人，得聞說此如來名號，至心受持，此人於後永離女身。」

爾時，曼殊室利童子白佛言：「世尊！我於後時以彼世尊藥師琉璃光如來名號，於信心善男子、善女人所，種種方便流布令聞，乃至睡中亦以佛名覺寤其耳。若受持此經讀誦宣說，或復為他分別開解；若自書，若令人書；若取經卷，五色淨綵以盛裹之，灑掃淨處以安置之，持種種華、種種香、塗香、華鬘、寶幢、幡蓋而用供養。爾時，四大天王與其眷屬，并餘百千俱胝那由他諸天皆詣其所。若此經卷流行之處，若復有人誦持此經，以得聞彼世尊藥師琉璃光如來名號及本昔所發殊勝大願故，當知是處無復橫死，亦復不為諸鬼所持奪其魂魄；設已奪者，還復如故。」

佛言：「如是！如是！曼殊室利！如汝所說。曼殊室利！信心善男子、善女人若欲供養彼如來者，此人應作如來形像；七日七夜受八分齋，食清淨食；於清淨處散種種華、燒種種香，以種種繒綵、種種幡幢莊嚴其處；澡浴清潔，著新淨衣；應生無垢濁心、無怒害心，於一切眾生起利益心、慈悲喜捨平等之心；鼓樂歌讚，右遶佛像，應念彼如來本昔大願并解釋此經；如所思念、如所願求，一切所欲皆得圓滿：求長壽得長壽，求福報得福報，求自在得自在，求男女得男女。

或復有人忽得惡夢，或見諸惡相，或怪鳥來集，於其住所百怪出現，此人若能以種種衆具，供養恭敬彼藥師琉璃光如來者，一切惡夢惡相不吉祥事皆悉隱沒。或有水怖、火怖、刀怖、毒怖、懸嶮之怖，惡象、師子、虎狼、熊羆、毒蛇、惡蝎、蜈蚣、蚰蜒如是等怖，憶念供養彼如來者，一切怖畏皆得解脫。若他國侵擾賊盜反亂如是等怖，亦應念彼如來恭敬尊重。

「復次，曼殊室利！若有信心善男子、善女人，乃至盡形受三歸依，不事餘天，或持五戒、或持十戒、或持菩薩一百四戒，或復出家受持比丘二百五十戒，若比丘尼受持五百戒，於隨所受中毀犯禁戒，畏墮惡道；若能供養彼世尊藥師琉璃光如來者，決定不受三惡道報。或有女人臨當產時受於極苦，若能稱名供養彼世尊藥師琉璃光如來者，速得解脫；所生之子身分具足、形色端正，見者歡喜，利根聰明，安隱少病，無有非人奪其魂魄。」

爾時，世尊告慧命阿難言：「阿難！如我稱揚彼世尊藥師琉璃光如來所有功德，汝信受耶？汝於如是諸佛如來甚深境界多生疑惑。」

時，慧命阿難白佛言：「大德世尊！我於如來所說法中無復疑惑。何以故？一切如來身、口、意行，無不清淨。世尊！此日月有如是大神通、有如是大威力，可令墮落，須彌山王可得移動，諸佛所言無有差異。大德世尊！或有眾生信根不具，聞說如來佛境界已，作是思惟：『云何但念彼如來名獲爾許功德？』心不信受，生於誹謗，此等長夜無義饒益，當墮苦趣。」

佛言：「阿難！若彼如來所有名號入其耳中，此人墮惡道者無有是處。阿難！諸佛境界誠為難信，汝今信受，應知皆是如來威力，非一切聲聞、辟支佛地所能信受，唯除一生補處菩薩摩訶薩。阿難！人身難得，於三寶中信敬尊重亦難可得，聞彼如來名號倍難於此！阿難！彼世尊藥師琉璃光如來無量菩薩行、無量諸巧便、無量曠大願，我欲一劫若過一劫說彼如來菩薩行願，乃至窮劫，彼世尊藥師琉璃光如來本昔所行及殊勝大願亦不究盡！」

爾時，眾中有菩薩摩訶薩名曰救脫，即從座起，偏露一髆，右膝著地，向婆伽婆合掌曲躬白言：「大德世尊！於未來世，當有眾生身嬰重病、長患羸瘦，不食飢渴、喉脣乾燥，死相現前、目無所見，父母、親眷、朋友、知識啼泣圍遶。其人屍形臥在本處，閻摩使人引其神識置於閻摩法王之前，此人背後有同生神，隨其所作，若罪若福一切皆書，盡持授與閻摩法王。時，閻摩法王推問其人，算計所作，隨善隨惡而處分之。若能為此病人歸依彼世尊藥師琉璃光如來，如法供養，即得還復。此人神識得迴還時，如從夢覺，皆自憶知；或經七日、或二十一日、或三十五日、或四十九日，神識還已，具憶所有善惡業報，由自證故，乃至失命不造惡業，是故信心善男子、善女人應當供養藥師如來。」

爾時，慧命阿難問救脫菩薩言：「善男子！應云何供養彼世尊藥師琉璃光如來也？」

救脫菩薩言：「大德阿難！若有患人欲脫重病，當為此人七日七夜受八分齋；當以飲食及種種衆具，隨力所辦供養比丘僧，晝夜六時禮拜、供養彼世尊藥師琉璃光如來；四十九遍讀誦此經，然四十九燈，應造七軀彼如來像，一一像前各置七燈，一一燈量大如車輪，或復乃至四十九日光明不絕；當造五色綵幡，長四十九尺。

「復次，大德阿難！灌頂剎利王等若災難起時，所謂人民疾疫難、他方侵逼難、自界反逆難、星宿變怪難、日月薄蝕難、非時風雨難、過時不雨難；爾時，此灌頂剎利王當於一切眾生起慈愍心，赦諸繫閉，依前所說供養法式供養彼世尊藥師琉璃光如來。時，灌頂剎利王用此善根，由彼世尊藥師琉璃光如來本昔勝願故，其王境界即得安隱；風雨以時，禾稼成就，國土豐熟；一切國界所有眾生無病安樂，多生歡喜；於其國界亦無夜叉、羅剎、毘舍闍等諸惡鬼神擾亂眾生，所有惡相皆即不現；彼灌頂剎利王，壽命色力無病自在並得增益。」

爾時，慧命阿難問救脫菩薩言：「善男子！云何已盡之命而可更延？」

救脫菩薩言：「阿難！汝豈不聞如來所說九橫死耶？是故教以呪藥方便。或有眾生，得病非重，然無醫藥及看病人，或復醫人療治失所，非時而死，是為初橫。第二橫者，王法所殺。第三橫者，遊獵放逸、婬醉無度，為諸非人害其魂魄。第四橫者，為火所燒。第五橫者，為水所溺。第六橫者，入獅子虎豹諸惡獸中。第七橫者，飢渴所困，不得飲食，因此致死。第八橫者，厭禱、毒藥、起屍鬼等之所損害。第九橫者，投巖取死。是名如來略說大橫有此九種，其餘復有無量諸橫。」

爾時，衆中有十二夜叉大將俱在會坐，所謂：

宮毘羅大將　跋折羅大將　迷佉羅大將　安捺羅大將
安怛羅大將　摩涅羅大將　因陀羅大將　波異羅大將
摩呼羅大將　真達羅大將　招度羅大將　鼻羯羅大將

此等十二夜叉大將，一一各有七千夜叉以為眷屬，皆同一聲白世尊言：「我等今者蒙佛威力，得聞世尊藥師琉璃光如來名號已，不復更有惡道之怖。我今相與皆同一心，乃至壽盡歸依佛、歸依法、歸依僧，皆當荷負一切衆生，為作義利，饒益安樂。隨於何等村城、聚落、阿蘭拏處，若流布此經，若復持彼世尊藥師琉璃光如來名號親近供養者，我等眷屬衛護是人，皆使解脫一切苦難，諸有所求悉令滿足。」

爾時，世尊讚諸夜叉大將言：「善哉！善哉！大夜叉將！汝等若念彼世尊藥師琉璃光如來恩德者，當念饒益一切衆生。」

爾時，慧命阿難白佛言：「世尊！此經何名？云何奉持？」

佛言：「阿難！此法門者，名為藥師琉璃光如來本昔所發殊勝大願，當如是持；名為十二夜叉大將自誓，當如是持；名為淨一切業障，當如是持。」

時，婆伽婆說是語已，諸菩薩摩訶薩、諸大聲聞，國王、大臣、婆羅門、居士，及一切大衆、阿修羅、揵達婆等，聞佛所說，歡喜奉行。

佛說藥師如來本願經

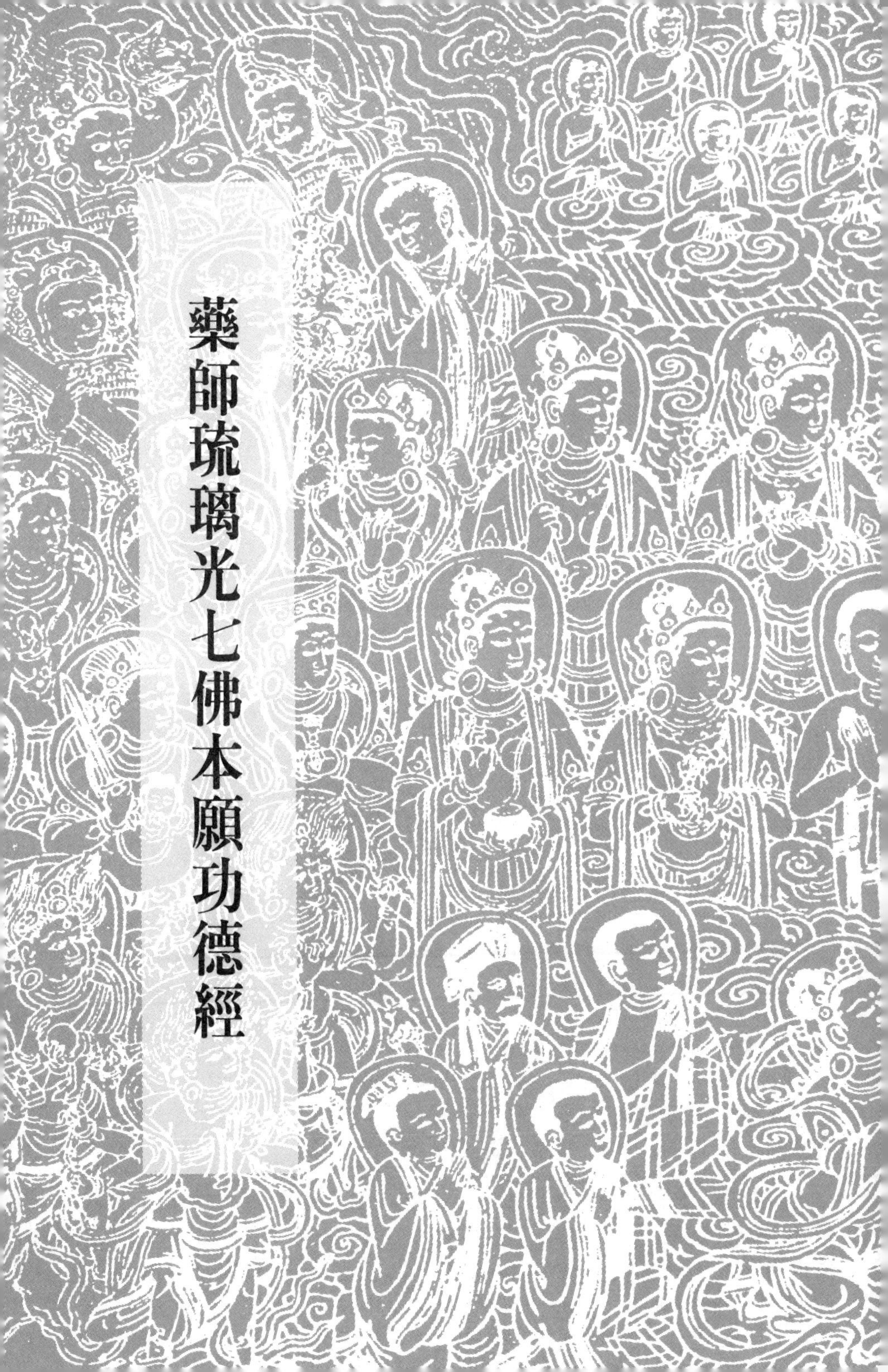

藥師琉璃光七佛本願功德經

藥師琉*璃光七佛本願功德經卷上

大唐三藏沙門義淨於佛光内寺譯

如是我聞：一時，薄伽梵遊化諸國至廣嚴城在樂音樹下，與大苾芻衆八千人俱，菩薩摩訶薩三萬六千，其名曰曼殊室利菩薩、觀自在菩薩、慈氏菩薩、善現菩薩、大慧菩薩、明慧菩薩、山峯菩薩、辯峯菩薩、持妙高峯菩薩、不空超越菩薩、*微妙音菩薩、常思惟菩薩、執金剛菩薩，如是等諸大菩薩而為上首；及諸國王、大臣、婆羅門、居士、天龍八部、人非人等，無量大衆恭敬圍遶，而為說法。初、中、後善文義巧妙，純一圓滿清淨鮮白，梵行之相示教利喜，皆令具足微妙行願趣大菩提。

爾時，曼殊室利法王子菩薩摩訶薩，承佛威神從座而起，偏袒右肩右膝著地，合掌恭敬而白佛言：「世尊！今有無量人、天大衆，為聽法故皆已雲集，惟佛世尊從初發意乃至於今，所有無量塵沙數劫諸佛刹土無不知見，願為我等及未來世像法衆生，慈悲演說諸佛名號、本願功德、國土莊嚴、善巧方便差別之相，令諸聞者業障消除，乃至菩提得不退轉。」

爾時，世尊讚曼殊室利菩薩言：「善哉！善哉！曼殊室利！汝以大悲愍念無量業障有情，種種疾病憂悲苦惱得安樂故，勸請我說諸佛名號、本願功德、國土莊嚴，此由如來威神之力令發斯問。汝今諦聽！極善思惟，當為汝說。」

曼殊室利言：「惟願為說，我等樂聞！」

佛告曼殊室利：「東方去此過四殑伽河沙佛土，有世界名曰光勝，佛號善名稱吉祥王如來、應、正等覺、明行圓滿、善逝、世間解、無上丈夫、調御士、天人師、佛、世尊，有無量億衆不退菩薩之所圍遶，安住七寶勝妙莊嚴師子之坐現在說法。曼殊室利！彼佛國土清淨嚴飾，縱廣正等百千踰繕那，以贍部金而為其地，平正柔軟氣如天香，無諸惡趣及女人名，亦無瓦礫、沙石、棘刺，寶樹行列花果滋繁，多有浴池皆以金、銀、真珠雜寶而為砌飾。曼殊室利！彼國菩薩皆於七寶蓮花化生，是故淨信善男子、善女人皆當願生彼佛國土。曼殊室利！彼佛如來、應、正等覺，從初發心行菩薩道時，發八大願。云何為八？

第一大願：願我來世得無上菩提時，若有衆生為諸病苦逼切其身，熱病、諸瘧、蠱道、厭魅、起屍鬼等之所惱害；若能至心稱我名者，由是力故，所有病苦悉皆消滅，乃至證得無上菩提。

第二大願：願我來世得菩提時，若有衆生盲聾、瘖瘂、白癩、瘨狂衆病所困；若能至心稱我名者，由是力故，諸根具足衆病消滅乃至菩提。

第三大願：願我來世得菩提時，若有衆生為貪、瞋、癡之所纏逼，造無間罪及諸惡行，誹謗正法不修衆善，當墮地獄受諸苦痛；若能至心稱我名者，由是力故，令無間罪及諸業障悉皆消滅，無有衆生墮惡趣者，常受人天殊勝安樂乃至菩提。

第四大願：願我來世得菩提時，若有衆生少乏衣食、瓔珞、臥具、財貨、珍寶、香花、伎樂；若能至心稱我名者，由是力故，所乏資生皆得充足乃至菩提。

第五大願：願我來世得菩提時，若有眾生或被枷鎖繫縛其身，及以鞭撻受諸苦惱；若能至心稱我名者，由是力故，所有苦楚皆得解脫乃至菩提。

第六大願：願我來世得菩提時，若有眾生於險難處為諸惡獸、熊羆、師子、虎豹、豺狼、蚖蛇、蝮蠍之所侵惱，欲斷其命發聲大叫受大苦時；若能至心稱我名者，由是力故，所有恐怖皆得解脫，諸惡獸等悉起慈心，常得安樂乃至菩提。

第七大願：願我來世得菩提時，若有眾生鬪諍言訟因生憂惱，若能至心稱我名者，由是力故，鬪訟解散慈心相向乃至菩提。

第八大願：願我來世得菩提時，若有眾生入於江海遭大惡風吹其船舫，無有洲渚而作歸依，極生憂怖；若能至心稱我名者，由是力故，皆得隨心至安隱處，受諸快樂乃至菩提。

「曼殊室利！是謂彼佛如來、應、正等覺行菩薩道時所發八種微妙大願。又彼世尊從初發心，常以定力成就眾生，供養諸佛嚴淨佛土，菩薩眷屬悉皆圓滿，此之福德不可思議，一切聲聞及諸獨覺縱經多劫說不能盡，唯除如來、補處菩薩。曼殊室利！若有淨信男子、女人，若王、大臣、長者、居士，心悕福德，斷諸煩惱，稱彼佛名讀斯經典，於彼如來至心尊重恭敬供養，所有一切罪惡業障及諸病苦悉皆消滅，諸有願求無不隨意，得不退轉乃至菩提。

「復次，曼殊室利！東方去此過五殑伽河沙佛土，有世界名曰妙寶，佛號寶月智嚴光音自在王如來、應、正等覺，有無量億菩薩圍繞現在說法，皆演大乘微妙深義。曼殊室利！彼佛如來從初發心行菩薩道時，發八大願。云何為八？

第一大願：願我來世得菩提時，若有衆生為營農業及商賈事，令心擾亂廢修菩提殊勝善法，於生死中不能出離，各各備受無邊苦惱；若能至心稱我名者，由是力故，衣服、飲食、資生之具、金、銀、珍寶隨願充足，所有善根皆得增長，亦不捨離菩提之心，諸惡道苦咸蒙解脫乃至菩提。

第二大願：願我來世得菩提時，於十方界所有衆生，若為寒熱飢渴逼身受大苦惱；若能至心稱我名者，由是力故，先世罪業悉皆消滅，捨諸苦惱受人天樂乃至菩提。

第三大願：願我來世得菩提時，於十方界若有女人貪婬煩惱常覆其心，相續有娠，深可厭惡，臨當產時受大苦惱；若我名字暫經其耳或復稱念，由是力故眾苦皆除，捨此身已，常為男子乃至菩提。

第四大願：願我來世得菩提時，若有眾生或與父母、兄弟、姊妹、妻子、眷屬及諸親友行險難處，為賊所侵受諸苦惱；暫聞我名或復稱念，由是力故，解脫眾難乃至菩提。

第五大願：願我來世得菩提時，若有眾生行於闇夜作諸事業，被惡鬼神之所惱亂，極生憂苦；暫聞我名或復稱念，由是力故，從闇遇明，諸惡鬼神起慈悲意，乃至菩提。

第六大願：願我來世得菩提時，若有眾生行鄙惡事，不信三寶，智慧尠少不修善法，根、力、覺、道、念、定、總持皆不修習；若能至心稱我名者，由是力故智慧漸增，三十七品悉皆修學，深信三寶乃至菩提。

第七大願：願我來世得菩提時，若有衆生意樂鄙劣，於二乘道修行而住，棄背無上勝妙菩提；若能至心稱我名者，捨二乘見，於無上覺得不退轉乃至菩提。

第八大願：願我來世得菩提時，若有衆生見劫將盡火欲起時，生大憂怖，苦惱悲泣，由彼前身惡業力故，受斯衆苦無所歸依；若能至心稱我名者，所有憂苦悉皆消滅受清涼樂，從此命終於我佛土蓮華化生，常修善法乃至菩提。

「曼殊室利！是為彼佛如來、應、正等覺行菩薩道時所發八種微妙大願。又彼如來所居佛土廣博嚴淨，地平如掌，天妙香樹而為行列，天花遍覆天樂常鳴，天妙鈴鐸隨處懸布；天寶莊嚴師子之座，天寶砌飾諸妙浴池，其地柔軟無諸瓦礫，亦無女人及諸煩惱；皆是不退諸菩薩衆蓮花化生，若起念時，飲食、衣服及諸資具隨意現前，是故名為妙寶世界。

「曼殊室利！若有淨信男子、女人，國王、王子、大臣、輔相、中宮、婇女，晝夜六時慇重至心、恭敬供養彼佛世尊，及稱名號并造形像，香花、音樂、燒香、末香、塗香而為奉獻，清淨嚴潔於七日中持八戒齋，於諸衆生起慈悲意，願生彼土；彼佛世尊及諸菩薩護念是人，一切罪業悉皆消滅，無上菩提得不退轉，於貪、恚、癡漸得微薄，無諸病苦增益壽命，隨有悕求悉皆如意，鬪諍怨家咸生歡善；捨此身已，往彼刹土蓮花化生，當生之時念、定、總持悉皆明了。曼殊室利！如是當知彼佛名號無量功德，若得聞者所願皆成。

「復次，曼殊室利！東方去此過六殑伽河沙佛土，有世界名曰圓滿香積，佛號金色寶光妙行成就如來、應、正等覺，有無量億萬菩薩圍遶，現在說法。曼殊室利！彼佛如來從初發心行菩薩道時，發四大願。云何為四？

第一大願：願我來世得菩提時，若有衆生造作種種屠害之業，斷諸生命，由斯惡業受地獄苦；設得為人短壽多病，或遭水火刀毒所傷，當受死苦；若聞我名至心稱念，由是力故，所有惡業悉皆消滅，無病長壽不遭横死乃至菩提。

第二大願：願我來世得菩提時，若有衆生作諸惡業盜他財務，當墮惡趣；設得為人，生貧窮家，乏少衣食常受諸苦；若聞我名至心稱念，由是力故，所有惡業悉皆消滅，衣服飲食無所乏少乃至菩提。

第三大願：願我來世得菩提時，若有衆生更相凌慢、共為讐隙；若聞我名至心稱念，由是力故，各起慈心猶如父母乃至菩提。

第四大願：願我來世得菩提時，若有衆生貪欲、瞋恚、愚癡所纏，若出家、在家男女七衆，毀犯如來所制學處造諸惡業，當墮地獄受諸苦報；若聞我名至心稱念，由是力故，所有惡業悉皆消滅，斷諸煩惱敬奉尸羅，於身語心善能防護，永不退轉乃至菩提。

「曼殊室利！是為彼佛如來、應、正等覺行菩薩道時所發四種微妙大願。曼殊室利！又彼如來所居佛土廣博嚴淨，地平如掌皆以寶成，常有香氣如妙栴檀，復以香樹而為行列，天妙珠瓔、摩尼等寶處處垂下，多有浴池天寶嚴飾，香水盈滿衆德皆具；於其四邊懸妙繒綵，街衢八道隨處莊嚴；所有衆生無諸煩惱及憂悲苦，亦無女人，多是住地諸菩薩衆；勝妙音樂不鼓自鳴，演說大乘微妙深法，若有衆生聞此音者，得不退轉無上菩提。

「曼殊室利！彼佛如來由昔願力、善巧方便，成就佛土，圓滿莊嚴，坐菩提座作如是念：於未來世若有衆生為貪、瞋、癡之所纏繞，衆病所逼怨家得便或時橫死，復由惡業墮地獄中受大劇苦。彼佛見此苦惱衆生，為除業障說此神呪，令彼受持於現世中得大利益，遠離衆苦住菩提故。」即說呪曰：

呾姪他悉睇悉睇　蘇悉睇　謨折儞木剎儞　目帝毘目帝　菴末麗毘末麗　忙揭例呬闌若揭鞞曷喇呾娜　揭鞞　薩婆頞他婆但儞　鉢囉摩頞他　娑但儞末捺細莫訶末捺細　頞步帝頞室步帝　毘多婆曳　蘇跋泥去　跋羅蚶摩　瞿俠佉　跋囉蚶摩柱俠帝　薩婆頞剃數　阿鉢囉匝帝薩跋呾囉　阿鉢喇底啜帝　折覩殺　瑟柀勃陀俱胝　婆俠帝　納摩娑婆　呾他揭多喃　莎訶

爾時，世尊說此大力大明呪時，衆中所有諸大菩薩、四大天王、釋、梵王等讚言：「善哉！善哉！大悲世尊能說如是過去如來大力神呪，為欲饒益無量衆生竭煩惱海登涅槃岸，除去疾病所願皆滿。」

佛告大衆：「若有淨信男子、女人，國王、王子、大臣、輔相、中宮、婇女情悕福德，於此神呪起敬信心，若讀、若誦、若為他人演說其義，於諸含識起大悲心，晝夜六時香華燈燭，殷重供養清淨澡浴，持八戒齋至誠念誦；所有極重無邊業障悉皆消滅，於現身中離諸煩惱，命欲終時諸佛護念，即於彼國蓮花化生。

「復次，曼殊室利！東方去此過七殑伽河沙佛土，有世界名曰無憂，佛號無憂最勝吉祥如來、應、正等覺，今現在彼為眾說法。又彼如來所居佛土，廣博嚴淨，地平如掌皆以寶成，細滑柔軟常有香氣，無憂苦聲離諸煩惱，亦無惡趣及女人名，處處皆有金砌浴池香水盈滿，寶樹行列花果滋茂，勝妙音樂不鼓自鳴，譬如西方極樂世界無量壽國功德莊嚴。曼殊室利！彼佛世尊行菩薩道時發四大願。云何為四？

第一大願：願我來世得菩提時，若有眾生常為憂苦之所纏逼；若聞我名至心稱念，由是力故，所有憂悲及諸苦惱悉皆消滅，長壽安隱乃至菩提。

第二大願：願我來世得菩提時，若有眾生造諸惡業，生在無間黑闇之處，大地獄中受諸苦惱；由彼前身聞我名字，我於爾時身出光明照受苦者，由是力故，彼見光時，所有業障悉皆消滅，解脫眾苦生人天中，隨意受樂乃至菩提。

第三大願：願我來世得菩提時，若有衆生造諸惡業殺、盜、邪婬，於其現身受刀杖苦，當墮惡趣；設得人身，短壽多病生貧賤家，衣服飲食悉皆乏少，常受寒熱飢渴等苦身無光色，所感眷屬皆不賢良。若聞我名至心稱念，由是力故，隨所願求，飲食衣服悉皆充足，如彼諸天身光可愛，得善眷屬乃至菩提。

第四大願：願我來世得菩提時，若有衆生常為藥叉諸惡鬼神之所嬈亂，奪其精氣受諸苦惱；若聞我名至心稱念，由是力故，諸藥叉等悉皆退散各起慈心，解脫衆苦乃至菩提。

「曼殊室利！是為彼佛如來、應、正等覺所發四種微妙大願。若有衆生聞彼佛名，晝夜六時稱名禮敬至心供養，於衆生處起慈悲心，業障消滅解脫憂苦，無病長壽得宿命智，於諸佛土蓮花化生，常為諸天之所衞護。曼殊室利！稱彼佛名能生如是無量福業，而彼佛土願力莊嚴殊勝功德，聲聞、獨覺所不能知，唯除如來、應、正等覺。

「復次，曼殊室利！東方去此過八殑伽河沙佛土，有世界名曰法幢，佛號法海雷音如來、應、正等覺，今現說法。曼殊室利！彼佛世尊所居國土清淨無穢，其地平正頗梨所成，常有光明香氣芬馥；以帝青寶而為城郭，有八街道砌以金銀，樓閣、殿堂、飛甍、戶牖、欄楯莊飾皆衆寶成；天香寶樹隨處行列，於其枝上挂以天繒，復有寶鈴處處垂下，微風吹動出妙音聲，演暢無常、苦、空、無我，衆生聞者捨離欲纏，習氣漸除證甚深定；天妙香花繽紛而下，於其四面有八浴池，底布金沙香水彌滿。曼殊室利！於彼佛土無諸惡趣亦無女人，蓮花化生無復煩惱。彼佛如來行菩薩道時發四大願。云何為四？

第一大願：願我來世得菩提時，若有衆生生邪見家，於佛、法、僧不生淨信，遠離無上菩提之心；若聞我名至心稱念，由是力故，無明邪慧日夜消滅，於三寶所深生正信，不復退轉乃至菩提。

第二大願：願我來世得菩提時，若有衆生生在邊地，由近惡友造衆罪業不修善品，三寶名字曾不經耳，命終之後墮三惡趣；彼諸衆生暫聞我名者，由是力故，業障消除遇善知識，不墮惡趣乃至菩提。

第三大願：願我來世得菩提時，若有衆生衣服、飲食、臥具、醫藥，資生所須悉皆乏少，由此因緣生大憂苦，為求覓故造衆惡業；若聞我名至心稱念，由是力故，有所乏少隨念皆得乃至菩提。

第四大願：願我來世得菩提時，若有衆生由先惡業共相鬪諍作不饒益，弓箭、刀杖互為傷損；若聞我名至心稱念，由是力故，各起慈心不相損害，不善之念尚自不生，況於前人欲斷其命！常行喜捨乃至菩提。

「曼殊室利！是為彼佛如來、應、正等覺行菩薩道時所發四種微妙大願。若有淨信男子、女人，聞彼佛名至心禮敬、慇懃供養受持念誦，業障消滅得不退轉菩提之心；具宿命智，所生之處常得見佛，無病長壽，命終之後生彼國中，衣服、飲食、資生之具隨念皆至無所乏少。曼殊室利！彼佛世尊具足如是無量功德，是故衆生常當憶念勿令忘失。

「復次，曼殊室利！東方去此過九殑伽河沙佛土，有世界名曰善住寶海，佛號法海勝慧遊戲神通如來、應、正等覺，現在說法。曼殊室利！彼佛如來行菩薩道時發四大願。云何為四？

第一大願：願我來世得菩提時，若有衆生造衆惡業，種植耕耘損諸生命，或復興易欺誑他人，戰陣兵戈常為殺害；若聞我名至心稱念，由是力故，資生之具不假營求隨心滿足，常修衆善乃至菩提。

第二大願：願我來世得菩提時，若有衆生造十惡業殺生等罪，由此因緣當墮地獄；若聞我名至心稱念，於十善道皆得成就，不墮惡趣乃至菩提。

第三大願：願我來世得菩提時，若有衆生不得自在，繫屬於他或被禁繫，杻械、枷鎖、鞭杖苦楚乃至極刑；若聞我名至心稱念，由是力故，所有厄難皆得解脫乃至菩提。

第四大願：願我來世得菩提時，若有衆生造衆惡業，不信三寶，隨虛妄見棄背正理，愛樂邪徒，謗毀佛經言非聖說，外道典籍恭敬受持，自作教人俱生迷惑，當墮地獄無有出期，設得為人生八難處，遠離正道盲無慧目；如是之人若聞我名至心稱念，由是力故，臨命終時正念現前，解脫衆難，常生中國，受勝妙樂乃至菩提。

「曼殊室利！是為彼佛如來、應、正等覺行菩薩道時所發四種微妙大願。曼殊室利！彼佛國土功德莊嚴，與上妙寶如來世界等無有異。

「復次，曼殊室利！東方去此過十殑伽河沙佛土，有世界名淨琉璃，佛號藥師琉璃光如來、應、正等覺。曼殊室利！彼佛世尊從初發心行菩薩道時，發十二大願。云何十二？

第一大願：願我來世得菩提時，自身光明照無邊界，三十二相、八十隨好莊嚴其身，令諸有情如我無異。

第二大願：願我來世得菩提時，身如琉璃內外清徹，光明廣大遍滿諸方，焰網莊嚴過於日月，鐵圍中間幽冥之處互得相見，或於此界闇夜遊行，斯等衆生見我光明，悉蒙開曉隨作衆事。

第三大願：願我來世得菩提時，以無量無邊智慧方便，令諸有情所受用物皆得無盡。

第四大願：願我來世得菩提時，若諸有情行邪道者，悉令遊履菩提正路；若行聲聞、獨覺乘者，亦令安住大乘法中。

第五大願：願我來世得菩提時，若諸有情於我法中修行梵行，一切皆令得不缺戒，善防三業，無有毀犯墮惡趣者；設有毀犯聞我名已，專念受持至心發露，還得清淨乃至菩提。

第六大願：願我來世得菩提時，若諸有情諸根不具，醜陋、頑痹、聾盲、瘖瘂、攣躄、背僂、白癩、癲狂種種病苦之所纏逼；若聞我名至心稱念，皆得端嚴眾病除愈。

第七大願：願我來世得菩提時，若諸有情貧窮困苦無有歸趣，眾病所逼無藥無醫；暫聞我名眾病消散，眷屬增盛資財無乏，身心安樂乃至菩提。

第八大願：願我來世得菩提時，若有女人為女眾苦之所逼切，極生厭離願捨女身；若聞我名至心稱念，即於現身轉成男子，具丈夫相乃至菩提。

第九大願：願我來世得菩提時，令諸有情出魔羂網；復有種種邪見之徒，皆當攝受令生正見，漸令修習諸菩薩行乃至菩提。

第十大願：願我來世得菩提時，若諸有情王法所拘，幽禁牢獄，枷鎖鞭撻乃至極刑，復有衆多苦楚之事，逼切憂惱無暫樂時；若聞我名，以我福德威神力故，皆得解脫一切憂苦乃至菩提。

第十一大願：願我來世得菩提時，若諸有情飢火所惱，為求食故造諸惡業；若聞我名至心稱念，我當先以上妙飲食隨意飽滿，後以法味令住勝樂乃至菩提。

第十二大願：願我來世得菩提時，若諸有情身無衣服，蚊虻、寒熱之所逼惱；若聞我名至心稱念，隨其所好即得種種上妙衣服、寶莊嚴具、伎樂、香華皆令滿足，離諸苦惱乃至菩提。

「曼殊室利！是為藥師瑠璃光如來、應、正等覺行菩薩道時所發十二微妙上願。」

藥師琉璃光七佛本願功德經卷上

藥師琉璃光七佛本願功德經卷下

大唐三藏法師義淨於佛光內寺譯

爾時，佛告曼殊室利：「彼藥師琉璃光如來行菩薩道時所發大願及彼佛土功德莊嚴，我於一劫、若過一劫說不能盡。然彼佛土純一清淨無諸欲染，亦無女人及三惡趣苦惱之聲，以淨琉璃而為其地，城闕宮殿及諸廊宇、軒窓、羅網皆七寶成，亦如西方極樂世界功德莊嚴。於彼國中有二菩薩：一名日光遍照，二名月光遍照，於彼無量菩薩眾中而為上首，能持彼佛正法寶藏。是故，曼殊室利！若有淨信男子、女人，應當願生彼佛世界。

「復次，曼殊室利！若有眾生不識善惡惟懷貪惜，不知惠施及施果報，愚癡少智無有信心，多畜珍財勤勞守護，見乞者來，心生不喜；設不獲已，行惠施時，如割身肉深生悋惜；復有無量慳貪有情積集資財，然於自身尚不能用，況當供給父母、妻子、奴婢、僕使及來乞者！彼諸有情從此命終，生餓鬼中或傍生趣；由昔人間曾聞藥師琉璃光如來名故，雖在惡趣還得憶念彼如來名，即於彼沒生在人中，得宿命智，念畏惡趣苦不樂欲樂，好行惠施讚歎施者，所有財物無慳悋心，漸次尚能以頭目、手足、血肉身分施來求者，況餘財物！

「復次，曼殊室利！若復有人歸依世尊受諸學處，而破壞戒威儀及壞正見；諸有持戒、正見，不求多聞，於佛所說契經深義不能解了；雖有多聞而懷憍慢，由慢心故自是非他，嫌謗正法為魔伴黨；如是愚人自行邪見，復令無量百千俱胝有情墮大險坑。此諸有情墮於地獄、傍生、鬼趣，若曾聞此藥師琉璃光如來名號，由彼如來本願威力，於地獄中憶佛名號，從彼命盡還生人間，正見精進意樂調善，捨俗出家，於佛法中受持學處無有毀犯，正見多聞解甚深義，離於憍慢，不謗正法不為魔伴，漸次修行諸菩薩行乃至菩提。

「復次，曼殊室利！若諸有情慳貪嫉妬，造諸惡業自讚毀他，命終當墮三惡趣中，無量千歲受諸劇苦，從彼終已來生人間，或作牛、馬、駝、驢之屬，恒被鞭撻飢渴纏心，身常負重困苦疲極；若得為人，生居下賤奴婢僕使，被他驅役恒不自在。由昔人中曾聞藥師琉璃光如來名號，彼善根力今復憶念至心歸依，以佛神力眾苦解脫，諸根聰利智慧多聞，恒求勝法常遇善友，永斷魔羂破無明㲉，竭煩惱河，解脫一切生老病死、憂悲苦惱乃至菩提。

「復次，曼殊室利！若諸有情好憙乖離，更相鬪訟惱亂自他，以身、語、意造諸惡業；展轉常為不饒益事，互相謀害告召山、林、樹、塚等神；殺諸眾生取其血肉，祭祀藥叉、羅剎神等；書怨人名或作形像，以惡呪術而呪詛之；厭魅蠱道、呪起死屍，令斷彼命及壞其身。是諸有情若得聞此藥師琉璃光如來名號，彼諸惡緣悉不能害，一切展轉皆起慈悲，利益安樂無損惱意及嫌恨心，於自所有常生喜足。

「復次，曼殊室利！若有四眾苾芻、苾芻尼、近事男、近事女，及餘淨信男子、女人，若能受持八支齋戒，或經一年，或復三月受持學處，以此善根願生西方極樂世界見無量壽佛，若聞藥師琉璃光如來名號，臨命終時有八菩薩乘神通來示其去處，即於彼界種種雜色眾寶花中自然化生。或有因此生於天上，雖生天中而昔善根亦不窮盡，不復更生諸餘惡趣；天上壽盡還生人間，或為輪王統攝四洲，威德自在，勸化無量百千有情，於十善道令其修習；或生剎帝利、婆羅門、居士貴族，多饒財寶倉庫盈溢，形相端嚴眷屬隆盛，聰明智慧勇健盛猛有大身力；若是女人，得聞藥師琉璃光如來名號至心受持，於後不復更受女身。

「復次，曼殊室利！彼藥師琉璃光如來得菩提時，由本願力觀諸有情，遇眾病苦，瘦瘧、乾消、黃熱等病，或被厭魅蠱道所中，或復短命或時橫死，欲令是等病苦消除所求願滿，時彼世尊入三摩地，名曰：『滅除一切眾生苦惱』。既入定已，於肉髻中出大光明，光中演說大陀羅尼呪曰：

南謨薄伽伐帝　鞞殺社窶嚕　薜琉璃鉢喇婆　喝囉闍也　呾他揭多也　阿囉喝帝　三藐三勃陀也　呾姪他唵　鞞殺逝鞞殺逝　鞞殺社三沒揭帝　莎訶

「爾時，光中說此呪已，大地震動放大光明，一切眾生病苦皆除受安隱樂。

曼殊室利！若見男子、女人有病苦者，應當一心為彼病人清淨澡漱，或食、或藥，或無蟲水呪一百八遍與彼服食，所有病苦悉皆消滅。若有所求，指心念誦，皆得如意無病延年，命終之後生彼世界，得不退轉乃至菩提。是故，曼殊室利！若有男子、女人於彼藥師琉璃光如來至心慇重、恭敬供養者，常持此呪勿令廢忘。

「復次，曼殊室利！若有淨信男子、女人，得聞如上七佛如來、應、正等覺所有名號，聞已誦持，晨嚼齒木澡漱清淨，以諸香花、末香、燒香、塗香、作衆伎樂供養形像；於此經典若自書、若教人書，一心受持聽聞其義；於彼法師應修供養，一切所有資身之具，悉皆施與勿令乏少，如是便蒙諸佛護念，所求願滿乃至菩提。」

爾時，曼殊室利童子白佛言：「世尊！我於末法之時，誓以種種方便令諸淨信男子、女人得聞七佛如來名號，乃至睡中亦以佛名令其覺悟。世尊！若於此經受持讀誦，或復為他演說開示，若自書、若教人書，恭敬尊重，以種種華香、塗香、末香、燒香、華鬘、瓔珞、幡蓋、伎樂而為供養，以五色繒綵而裹袠之，灑掃淨處置高座上。是時，四大天王與其眷屬，及與無量百千天衆，皆詣其所供養守護。世尊！若此經寶流行之處及受持者，以彼七佛如來本願功德及聞名號威神之力，當知是處無復横死，亦復不為諸惡鬼神奪其精氣，設已奪者還得如故，身心安樂。」

佛告曼殊室利：「如是！如是！如汝所說。曼殊室利！若有淨信男子、女人，欲供養彼七如來者，應先敬造七佛形像，安在清淨上妙之座散花燒香，以諸幢幡莊嚴其處。七日七夜受八戒齋食清淨食，澡浴身體著新淨衣；心無垢濁亦無恚害，於諸有情常起利樂慈悲喜捨平等之心，鼓樂絃歌稱讚功德，右繞佛像念彼如來所有本願。讀誦此經，思惟其義，演說開示，隨其所願，求長壽得長壽，求富饒得富饒，求官位得官位，求男女得男女，一切皆遂。若復有人忽為惡夢見諸惡相，或怪鳥來集，或於其家百怪出現；此人若以上妙資具，恭敬供養彼諸佛者，惡夢惡相諸不吉祥，悉皆隱沒不能為患。或有水、火、刀、毒、懸崖、險道、惡象、師子、虎、狼、熊、羆、蛇、蠍、蜈蚣如是等怖，若能至心憶念彼佛恭敬供養，一切怖畏皆得解脫。若他國侵擾盜賊反亂，憶念恭敬彼如來者，所有怨敵悉皆退散。

「復次，曼殊室利！若有淨信男子、女人等，乃至盡形不事餘天，惟當一心歸佛、法、僧，受持禁戒，若五戒、十戒、菩薩二十四戒、苾芻二百五十戒、苾芻尼五百戒，於諸戒中或有毀犯怖墮惡趣，若能專念彼佛名號恭敬供養者，必定不生三惡趣中。或有女人臨當產時受於極苦，若能至心稱名、禮讚恭敬供養七佛如來，衆苦皆除，所生之子顏貌端正，見者歡喜，利根聰明少病安樂，無有非人奪其精氣。」

爾時，世尊告阿難言：「如我稱揚彼七如來名號功德，此是諸佛甚深境界，難可了知，汝勿生疑。」

阿難白言：「世尊！我於如來所說契經深義不生疑惑。所以者何？一切如來身、語、意業皆無虛妄。世尊！此日月輪可令墮落，妙高山王可使傾動，諸佛所言終無有異。世尊！然有衆生信根不具，聞說諸佛甚深境界作是思惟：『云何但念七佛名號，便獲爾所功德勝利？』由此不信，便生誹謗，彼於長夜失大利樂墮諸惡趣。」

佛告阿難：「彼諸有情若得耳聞諸佛名號，墮惡趣者無有是處，唯除定業不可轉者。阿難！此是諸佛甚深境界難可信解，汝能信受，當知皆是如來威力。阿難！一切聲聞及獨覺等皆不能知，唯除一生補處菩薩。阿難！人身難得，於三寶中信敬尊重亦難可得，得聞七佛如來名號復難於是。阿難！彼諸如來無量菩薩行、無量巧方便、無量廣大願，如是行願、善巧方便，我若一劫、若過一劫說不能盡。」

爾時，衆中有一菩薩摩訶薩名曰救脫，即從座起，偏袒右肩右膝著地，合掌向佛白言：「世尊！於後末世像法起時，若有衆生為諸病苦之所逼惱，身形羸瘦不能飲食，喉脣乾燥目視皆暗，死相現前，父母、親屬、朋友、知識啼泣圍繞，身臥本處，見彼琰魔法王之使引其神識將至王所；然諸有情有俱生神，隨其所作善惡之業悉皆記錄授與彼王，王即依法問其所作，隨彼罪福而處斷之。是時，病人親屬知識，若能為彼歸依諸佛，種種莊嚴如法供養，而彼神識或經七日、或二七日乃至七七日，如從夢覺復本精神，皆自憶知善不善業所得果報，由自證見業報不虛，乃至命難亦不造惡。是故淨信男子、女人，皆應受持七佛名號，隨力所能恭敬供養。」

爾時，具壽阿難問救脫菩薩曰：「善男子！恭敬供養彼七如來，其法云何？」救脫菩薩言：「大德！若有病人及餘災厄欲令脫者，當為其人七日七夜持八戒齋，應以飲食及餘資具，隨其所有供佛及僧，晝夜六時恭敬禮拜七佛如來，讀誦此經四十九遍，然四十九燈，造彼如來形像七軀，一一像前各置七燈，其七燈狀圓若車輪，乃至四十九夜光明不絕；造雜綵幡四十九首，并一長幡四十九尺，放四十九生，如是即能離災厄難，不為諸橫惡鬼所持。大德阿難！是為供養如來法式，若有於此七佛之中隨其一佛稱名供養者，皆得如是無量功德所求願滿，何況盡能具足供養！

「復次，大德阿難！若剎帝利、灌頂王等災難起時，所謂人衆疾疫難、他國侵逼難、自界叛逆難、星宿變怪難、日月薄蝕難、非時風雨難、過時不雨難，彼剎帝利、灌頂王等，爾時當於一切有情起慈悲心，放大恩赦脫諸幽厄苦惱眾生，如前法式供養諸佛。由此善根及彼如來本願力故，令其國界即得安隱，風雨順時穀稼成熟，國內眾生無病安樂，又無暴惡藥叉等神共相惱亂，一切惡相悉皆隱沒；而剎帝利、灌頂王等，皆得增益壽命、色、力無病自在。大德阿難！若帝后、妃主、儲君、王子、大臣、輔相、宮中、婇女、百官、黎庶，為病所苦及餘厄難，亦應敬造七佛形像讀誦此經，然燈造幡放諸生命，至誠供養燒香散花，即得病苦銷除解脫眾難。」

爾時，具壽阿難問救脫菩薩言：「善男子！云何已盡之命而可增益？」

救脫菩薩言：「大德！仁豈不聞如來說有九橫死耶？由是世尊為說呪藥隨事救療，然燈、造幡，修諸福業，以修福故得延壽命。」

阿難問言：「九橫云何？」

救脫菩薩言：「一者、若諸有情得病雖輕，然無醫藥及看病者，設復遇醫不授其藥，實不應死而便橫死；又信世間邪魔外道妖孽之師，妄說禍福便生恐動心不自正，卜問吉凶殺諸衆生，求神解奏呼召魍魎請福祈恩，欲冀延年終不能得；愚迷倒見遂令橫死，入於地獄無有出期。二者、橫為王法之所誅戮。三者、畋獵嬉戲，耽婬嗜酒放逸無度，橫為非人奪其精氣。四者、橫為火焚。五者、橫為水溺。六者、橫為種種惡獸所噉。七者、橫墮山崖。八者、橫為毒藥、厭禱、呪詛、起屍鬼等之所中害。九者、飢渴所困不得飲食而便橫死。是為如來略說橫死有此九種，其餘復有無量諸橫難可具說。

「復次，阿難！彼琰魔王簿錄世間所有名藉，若諸有情不孝、五逆、毀辱三寶、壞君臣法、破於禁戒，琰魔法王隨罪輕重考而罰之。是故我今勸諸有情然燈、造幡、放生、修福，令度苦厄不遭衆難。」

爾時，衆中有十二藥叉大將俱在會坐，其名曰：

宮毘羅大將　跋折羅大將　迷企羅大將　頞儞羅大將

末儞羅大將　娑儞羅大將　因陀羅大將　波夷羅大將

薄呼羅大將　真達羅大將　朱社羅大將　毘羯羅大將

此十二藥叉大將，一一各有七千藥叉以為眷屬，同時舉聲白佛言：「世尊！我等今者蒙佛威力得聞七佛如來名號，於諸惡趣無復怖畏，我等相率皆同一心，乃至盡形歸佛、法、僧，誓當荷負一切有情，為作義利饒益安樂。隨於何處城邑、聚落、空閑林中，若有此經流布讀誦，或復受持七佛名號恭敬供養者，我等眷屬衛護是人令脫衆難，所有願求悉令滿足；或有疾厄求度脫者，亦應讀誦此經，以五色縷結我名字，得如願已然後解結。」

爾時，世尊讚諸藥叉大將言：「善哉！善哉！大藥叉將！汝等念報七佛如來恩德者，常應如是利益安樂一切有情。」

爾時，會中有多天衆智慧尠少，作如是念：「云何過是殑伽河沙諸佛世界現在如來，暫聞名者便獲無邊殊勝功德？」

爾時，釋迦牟尼如來知諸天衆心之所念，即入警召一切如來甚深妙定。纔入定已，一切三千大千世界六種震動，雨天妙花及天香末，彼七如來見是相已，各從其國來至索訶世界，與釋迦如來共相問訊。

時，佛世尊由其先世本願力故，各各自於天寶莊嚴師子座上隨處安坐，諸菩薩衆、天龍八部、人非人等，國王、王子、中宮、妃主并諸大臣、婆羅門、長者、居士，前後圍遶而為說法。時，諸天衆見彼如來皆已雲集，生大希有疑惑便除。時，諸大衆歎未曾有，同聲讚言：「善哉！善哉！釋迦如來！饒益我等為除疑念，令彼如來皆至於此。」

時，諸大衆各隨自力，以妙香華及衆瓔珞、諸天伎樂供養如來，右遶七匝合掌禮敬讚言：「希有！希有！諸佛如來甚深境界不可思議！由先願力善巧方便，共現如是奇異之相！」爾時，大衆各各發願，願諸衆生皆得如是如來勝定。

爾時，曼殊室利即從座起，合掌恭敬遶佛七匝，禮雙足已，白言：「世尊！善哉！善哉！如來定力不可思議，由本願力方便善巧成就衆生，惟願為說大力神呪，能令來世薄福衆生病惱所纏、日月星辰所有厄難、疫病、怨惡及行險道遭諸恐怖，為作歸依令得安隱。彼諸衆生於此神呪，若自書教人書，受持讀誦廣為他說，常蒙諸佛之所護念，佛自現身令願滿足，不墮惡趣亦無橫死。」

時，諸如來讚曼殊室利言：「善哉！善哉！此是我等威神之力，令汝勸請哀愍眾生離諸苦難為說神呪。汝應諦聽，善思念之，我當為說。曼殊室利！有大神呪名曰：『如來定力琉璃光』，若有男子女人書寫、讀誦、恭敬供養，於諸含識起大悲心，所有願求皆得滿足，諸佛現身而為護念，離眾障惱當生佛國。」

時，七如來以一音聲即說呪曰：

但姪他　具謎具謎　謦尼謎膩呬上　末底末底　馺頞怛他揭多三摩地頞提瑟耻帝　頞帝末帝波例　波跛輸但儞　薩婆波跛那世也　敎睇勃圖　唱答謎隖謎矩謎　佛鐸器怛羅　鉢里輸但儞曇謎昵曇謎　謎嚕謎嚕　謎嚧尸揭囇薩婆哥羅　蜜栗覩臾丁　尼婆嚹儞　勃提蘇勃睇　佛陀陀頞提瑟侘泥娜咼咯叉覩謎　薩婆提婆　三謎頞三謎三曼摟和奴漢囒覩謎薩婆佛陀菩提薩埵　苫謎苫謎　鉢喇苫謎曼　覩謎　薩婆伊底隖波達婆薩婆毘何大也　薩婆薩埵難者晡囒泥晡囒泥去晡囒也謎　薩婆阿舍　薜琉璃也　鉢唎底婆細　薩婆波跛　著楊羯囇莎訶

爾時，七佛說此呪時，光明普照大地震動，種種神變一時俱現，時諸大衆見此事已，各各隨力以天香花、塗香、末香奉上彼佛，咸唱善哉右遶七匝。彼佛世尊同聲唱言：「汝等一切人天大衆應如是知，若有善男子、善女人，若王、王子、妃后、大臣、寮庶之類，若於此呪受持、讀誦、聽聞、演說，以妙香花供養經卷，著新淨衣在清淨處持八戒齋，於諸含識常生慈愍，如是供養得無量福。若復有人有所祈願，應當造此七佛形像，可於*淨處以諸香華、懸繒、幡蓋、上妙飲食及諸伎樂而為供養，并復供養菩薩諸天，在佛像前端坐誦呪，於七日中持八戒齋，誦滿一千八遍，彼諸如來及諸菩薩悉皆護念，執金剛菩薩并諸釋、梵、四天王等亦來擁衛此人；所有五無間罪、一切業障悉皆消滅，無病延年亦無橫死及諸疾疫；他方賊盜欲來侵境、鬪諍戰陣、言訟、讐隙、飢儉、旱澇，如是等怖一切皆除，共起慈心猶如父母，有所願求無不遂意。」

爾時，執金剛菩薩、釋、梵、四天王，從座而起合掌恭敬，禮釋迦牟尼佛足白言：「世尊！我等大衆皆已得聞諸佛本願殊勝功德，及見諸佛慈悲至此，令我眾生親承供養。世尊！若於其處有此經典及七佛名、陀羅尼法流通供養乃至書寫，我等悉皆承佛威力，即往其處擁護於彼；國王大臣、城邑聚落、男子、女人，勿令眾苦及諸疾病之所惱亂，常得安隱財食豐足；我等即是報諸佛恩。世尊！我等親於佛前自立要誓，若有淨信男子、女人憶念我者應誦此呪。」即說呪曰：

怛姪他　惡寠莫寠　呾羅寠　麼麼寠具曬　訶呼去　醯去　末囉末囉末囉　緊樹曬布曬　莎訶

「若有淨信男子、女人、國王、王子、大臣、輔相、中宮、婇女，誦七佛名及此神呪，讀誦、書寫、恭敬供養，現世皆得無病長壽，離眾苦惱不墮三途，得不退轉乃至菩提；彼諸佛土隨意受生，常見諸佛得宿命智，念定總持無不具足，若患鬼瘧等病，當書此呪繫之肘後，病若差已置清淨處。」

爾時，執金剛菩薩詣七佛所右遶三匝，各申禮敬白言：「世尊！惟願慈悲護念於我，我今為欲饒益未來男子、女人持是經者，我更為說陀羅尼呪。」時，彼七佛讚執金剛言：「善哉！善哉！執金剛！我加護汝可說神呪，為護未來持經之人，令無衆惱所求滿足。」時，執金剛菩薩即說呪曰：

南麼駁多喃　三藐三佛陀喃　南麼薩婆跋折囉達囉喃呾姪他　唵跋折囇　跋折囇　莫訶跋折囇　跋折囉波捨　陀囒儞三麼三麼　三曼頞　阿鉢囒底嘅多　跋折囇　苫麼苫麼　鉢囉苫曼覩謎　薩婆毘阿大也　矩嚕矩嚕　薩婆羯麼　阿伐囒拏儞叉也　三麼也末奴三末囉簿伽畔跋折囉波儞薩婆舍謎鉢哩　脯囒也　莎訶

「世尊！若復有人持七佛名，憶念彼佛本願功德，并持此呪讀誦演說，我令彼人所願滿足無所乏少。若欲見我問善惡者，應當書寫此經，造七佛像并執金剛菩薩像，皆於像身安佛舍利，於此像前如上所說種種供養禮拜旋繞，於衆生處起慈悲心，受八戒齋日別三時澡浴清淨三時衣別，從白月八日至十五日，每日誦呪一百八遍心無散亂；我於夢中即自現身共為言說，隨所求者皆令滿足。」時，大會中有諸菩薩皆悉唱言：「善哉！善哉！執金剛！陀羅尼不可思議實為善說！」

時，七如來作如是語：「我等護汝所說神呪，為欲饒益一切衆生皆得安樂，所求願滿，不令此呪隱沒於世。」爾時，七佛告諸菩薩、釋、梵、四天王曰：「

我今以此神呪付屬汝等，并此經卷於未來世後五百歲法欲滅時，汝等皆應護持是經。此經威力利益甚多，能除衆罪善願皆遂，勿於薄福衆生誹謗正法毀賢聖者，授與斯經令法速滅。」爾時，東方七佛世尊，見此大衆所作已辦機緣滿足，無復疑心，各還本土，於其座上忽然不現。

爾時，具壽阿難陀即從座起，禮佛雙足右膝著地，合掌恭敬而白佛言：「世尊！當何名此經？我等云何受持？」佛告阿難陀：「此經名為七佛如來、應、正等覺本願功德殊勝莊嚴，亦名曼殊室利所問，亦名藥師瑠璃光如來本願功德，亦名執金剛菩薩發願要期，亦名淨除一切業障，亦名所有願求皆得圓滿，亦名十二大將發願護持，如是名字汝當奉持。」

時，薄伽梵說是經已，諸大菩薩及聲聞衆，天、龍、藥叉、健闥婆、阿蘇羅、揭路荼、緊那羅、莫呼洛伽、人非人等，一切大衆聞佛所說，皆大歡喜信受奉行。

藥師瑠璃光七佛本願經卷下

佛說灌頂拔除過罪生死得度經

卷第十二

佛說灌頂拔除過罪生死得度經卷第十二

東晉天竺三藏帛尸梨蜜多羅譯

聞如是：一時，佛遊維耶離音樂樹下與八千比丘衆、菩薩三萬六千人俱，國王、大臣、人民及諸天龍八部、鬼神共會說法。

於是，文殊師利法王子菩薩摩訶薩，承佛威神從座而起，長跪叉手前白佛言：「世尊！願為未來像法衆生，宣揚顯說往昔過去諸佛名字及清淨國土莊嚴之事，願為解說得聞法要。」

佛告文殊師利：「善哉！善哉！汝大慈無量，愍念罪苦一切衆生，問此往昔諸佛名字及國土清淨莊嚴之事，利益一切無量衆生，度諸危厄令得安隱。汝今諦聽諦受！善思念之，吾當為汝分別說之。」

衆坐諸菩薩摩訶薩無央數衆，及諸應真、國王、長者、大臣、人民、天龍、鬼神、四輩弟子，皆各默然聽佛所說，莫不歡喜一心樂聞。

佛告文殊師利：「東方去此佛剎十恒河沙世界，有佛名曰藥師琉璃光如來、無所著、至真、等正覺、明行足、善逝、世間解、無上士、調御丈夫、天人師、佛、世尊，度脫生老病死苦患。此藥師琉璃光本所修行菩薩道時，發心自誓行十二上願，令一切衆生所求皆得：

第一願者：使我來世，得作佛時，自身光明普照十方，三十二相、八十種好而自莊嚴，令一切衆生如我無異。

第二願者：使我來世，自身猶如瑠璃，內外明徹淨無瑕穢，妙色廣大功德巍巍，安住十方如日照世，幽冥衆生悉蒙開曉。

第三願者：使我來世，智慧廣大，如海無窮潤澤枯涸，無量衆生普使蒙益，悉令飽滿無飢渴想，甘食美饍悉持施與。

第四願者：使我來世佛道成就，巍巍堂堂如星中之月，消除生死之雲，令無有翳，明照世界；行者見道，熱得清涼，解除垢穢。

第五願者：使我來世，發大精進，淨持戒地令無濁穢，慎護所受令無缺犯，亦令一切戒行具足，堅持不犯至無為道。

第六願者：使我來世，若有眾生諸根毀敗，盲者使視，聾者能聽，啞者得語，僂者能申，跛者能行，如是不完具者悉令具足。

第七願者：使我來世，十方世界若有苦惱無救護者，我為此等攝大法藥，令諸疾病皆得除愈，無復苦患，至得佛道。

第八願者：使我來世，以善業因緣，為諸愚冥無量眾生講宣妙法，令得度脫入智慧門，普使明了無諸疑惑。

第九願者：使我來世，摧伏惡魔及諸外道，顯揚清淨無上道法，使入正真，無諸邪僻，迴向菩提八正覺路。

第十願者：使我來世，若有衆生王法所加，臨當刑戮，無量怖畏，愁憂苦惱，若復鞭撻枷鎖其體，種種恐懼逼切其身，如是無量諸苦惱等，悉令解脫無有衆難。

第十一願者：使我來世，若有衆生飢火所惱，令得種種甘美飲食，天諸餚饍種種無數悉以賜與，令身充足。

第十二願者：使我來世，若有貧、凍、裸露衆生即得衣服，窮乏之者施以珍寶，倉庫盈溢無所乏少，一切皆受無量快樂，乃至無有一人受苦；使諸衆生和顏悅色，形貌端嚴，人所憙見；琴瑟、鼓吹如是無量最上音聲，施與一切無量衆生。是為十二微妙上願。」

佛告文殊師利：「此藥師琉璃光佛本願功德如是，我今為汝略說其國莊嚴之事。此藥師琉璃光如來國土清淨，無五濁、無愛欲、無意垢；以白銀、琉璃為地，宮殿、樓閣悉用七寶，亦如西方無量壽國無有異也。有二菩薩：一名日曜，二名月淨，是二菩薩次補佛處。諸善男子及善女人，亦當願生彼國土也。」

文殊師利白佛言：「唯願演說藥師琉璃光如來無量功德，饒益衆生，令得佛道。」

佛言：「若有男子、女人新破衆魔來入正道，得聞我說是藥師琉璃光如來名字者，魔家眷屬退散馳走。如是無量拔衆生苦，我今說之。」

佛告文殊師利：「世間有人不解罪福，慳貪不知布施，今世後世當得其福；世人愚癡但知貪惜，寧自割身肉而噉食之，不肯持錢財布施求後世之福；世又有人身不衣食，此大慳貪命終已後當墮餓鬼及在畜生中，聞我說是藥師琉璃光如來名字之時，無不解脫憂苦者也。皆作信心，貪福畏罪，人從索頭與頭、索眼與眼、乞妻與妻、匃子與子，求金銀珍寶皆大布施，一時歡喜，即發無上正真道意。」

佛言：「若復有人受佛淨戒，遵奉明法不解罪福，雖知明經不及中義，不能分別曉了中事，以自貢高恒常瞶憒，乃與世間衆魔從事，更作縛著不解行之，戀著婦女恩愛之情，口為說空行在有中，不能發覺復不自知，但能論說他人是非。如此人輩皆當墮三惡道中，聞我說是藥師瑠璃光佛本願功德，無不歡喜，念欲捨家，行作沙門者也。」

佛言：「世間有人好自稱譽，皆是貢高，當墮三惡道中，後還為人作牛馬、奴婢，生下賤中人，當乘其力負重而行，困苦疲極亡失人身；聞我說是藥師瑠璃光佛如來本願功德者，皆當一心歡喜踊躍更作謙敬，即得解脫衆苦之患，長得歡樂聰明智慧，遠離惡道得生善處，與善知識共相值遇，無復憂惱，離諸魔縛，長得安隱。」

佛言：「世間愚癡人輩，兩舌鬪諍，惡口罵詈，更相嫌恨；或就山神、樹下鬼神、日月之神、南斗北辰諸鬼神所作諸呪誓；或作人名字，或作人形像，或作符書以相厭禱呪咀言說。聞我說是藥師瑠璃光佛本願功德，無不兩作和解，俱生慈心，惡意悉滅，各各歡喜，無復惡念。」

佛言：「若四輩弟子比丘、比丘尼、清信士、清信女，常修月六齋、年三長齋，或晝夜精勤一心苦行，願欲往生西方阿彌陀佛國者，憶念晝夜，若一日、二日、三日、四日、五日、六日、七日，或復中悔，聞我說是藥師瑠璃光佛本願功德，盡其壽命欲終之日，有八菩薩，其名曰：文殊師利菩薩、觀世音菩薩、得大勢菩薩、無盡意菩薩、寶壇華菩薩、藥王菩薩、藥上菩薩、彌勒菩薩，是八菩薩皆當飛往迎其精神，不經八難生蓮華中，自然音樂而相娛樂。」

佛言：「假使壽命自欲盡時，臨終之日得聞我說是藥師瑠璃光佛本願功德者，命終之後皆得上生天上，不復歷三惡道中；天上福盡若下生人間，當為帝王家作子，或於豪姓、長者、居士富貴家生，皆當端正、聰明、智慧、高才、勇猛；若是女人，化成男子，無復憂苦患難者也。」

佛語文殊：「我稱譽顯說藥師瑠璃光佛、至真、等正覺，本所修集無量行願功德如是。」

文殊師利從坐而起，長跪叉手白佛言：「世尊！佛去世後，當以此法開化十方一切衆生，使其受持是經典也。若有男子、女人愛樂是經，受持、讀誦、宣通之者，復能專念，若一日、二日、三日、四日、五日，乃至七日憶念不忘，能以好素帛紙書取是經，五色雜綵作囊盛之者，是時當有諸天善神、四天大王、龍神八部當來營衞。愛敬此經，能日日作禮，是持經者不墮橫死，所在安隱，惡氣消滅，諸魔鬼神亦不中害。」

佛言：「如是！如是！如汝所說！」

文殊師利言：「天尊所說言無不善！」

佛言文殊：「若有善男子、善女人等，發心造立藥師瑠璃光如來形像，供養禮拜，懸雜色幡蓋，燒香散華，歌詠讚歎，圍繞百匝，還本座處，端坐思惟，念藥師瑠璃光佛無量功德；若有男子、女人七日七夜菜食長齋，供養禮拜藥師瑠璃光佛，求心中所願者無不獲得，求長壽得長壽，求富饒得富饒，求安隱得安隱，求男女得男女，求官位得官位。若命過已後欲生妙樂天上者，亦當禮敬藥師瑠璃光佛、至真、等正覺。若欲上生三十三天者，亦當禮敬瑠璃光佛，必得往生。若欲與明師世世相值遇者，亦當禮敬瑠璃光佛。」

佛告文殊：「若欲生十方妙樂國土者，亦當禮敬瑠璃光佛。欲得生兜率天見彌勒者，亦應禮敬瑠璃光佛。若欲遠諸邪道，亦應禮敬瑠璃光佛。若夜惡夢，鳥鳴、百怪、蜚尸、邪忤、魍魎鬼神之所嬈者，亦當禮敬瑠璃光佛。若為水火所焚漂者，亦當禮敬瑠璃光佛。若入山谷，為虎、狼、熊、羆、蒺蔾諸獸、象、龍、蚖、蛇、蝮、蠍種種雜類，若有惡心來相向者，心當存念瑠璃光佛，山中諸難不能為害。若他方怨賊、偷竊惡人、怨家債主欲來侵陵，心當存念瑠璃光佛，則不為害。以善男女禮敬瑠璃光如來功德，所致華報如是，況果報也！是故吾今勸諸四輩，禮事瑠璃光佛、至真、等正覺。」

佛告文殊：「我但為汝略說藥師瑠璃光佛禮敬功德，若使我廣說是瑠璃光佛無量功德，與一切人求心中所願者，從一劫至一劫故無不周遍。其世間人若有著床痿黃、困篤惡病，連年累月不差者，聞我說是藥師瑠璃光佛名字之時，橫病之厄無不除愈，唯宿殃不請耳。」

佛告文殊：「若男子、女人受三自歸，若五戒、若十戒、若善信菩薩二十四戒、若沙門二百五十戒、若比丘尼五百戒、若菩薩戒，若破是諸戒，若能至心一懺悔者，復聞我說藥師瑠璃光佛，終不墮三惡道中，必得解脫。若人愚癡不受父母、師友教誨，不信佛、不信經戒、不信聖僧，應墮三惡道中者，亡失人種受畜生身，聞我說是瑠璃光佛善願功德者，即得解脫。」

佛告文殊：「世有惡人，雖受佛禁戒，觸事違犯，或殺無道，偷竊他人財寶，欺詐妄語，婬他婦女，飲酒鬪亂，兩舌惡口，罵詈毀人，犯戒為惡，復祠祀鬼神。有如是過罪，當墮地獄中，若當屠割、若抱銅柱、若臥鐵床、若鐵鉤出舌、若洋銅灌口者，聞我說是藥師瑠璃光佛，無不即得解脫者也。」

佛告文殊：「其世間人豪貴下賤，不信佛，不信經道，不信沙門；不信有須陀洹，不信有斯陀含，不信有阿那含，不信有阿羅漢，不信有辟支佛，不信有十住菩薩；不信有三世之事，不信有十方諸佛，不信有本師釋迦文佛；不信人死神明更生，善者受福惡者受殃。有如是之罪應墮惡道，聞我說是藥師瑠璃光佛名字之者，一切過罪自然消滅。」

佛告文殊：「若有善男子、善女人聞我說是藥師瑠璃光佛、至真、等正覺，其誰不發無上正真道意，後皆當得作佛。人居世間仕宦不遷，治生不得飢寒困厄，亡失財產無復方計，聞我說是藥師瑠璃光佛，各各得心中所願，仕官皆得高遷，財物自然長益，飲食充饒皆得富貴。若為縣官之所拘錄，惡人侵枉，若為怨家所得便者，心當存念瑠璃光佛。若他婦女生產難者，皆當念是瑠璃光佛，兒則易生，身體平正無諸疾痛，六情完具聰明智慧，壽命得長不遭枉橫，善神擁護，不為惡鬼舐其頭也。」

佛說是語時，阿難在右邊，佛顧語阿難言：「汝信我為文殊師利說往昔東方過十恒河沙，有佛名藥師瑠璃光本願功德者不？」

阿難白佛言：「唯！天中天！佛之所說何敢不信耶？」

佛復語阿難言：「其世間人雖有眼、耳、鼻、舌、身、意，人常用是六事以自迷惑，但信世間魔邪之言，不信至真至誠、度世苦切之語，如是輩人難可開化也！」

阿難白佛言：「世尊！世人多有惡逆下賤之者，若聞佛說經，開人耳目，破治人病，除人陰冥使覩光明，解人疑結，去人重罪，千劫萬劫無復憂患，皆因佛說是藥師瑠璃光佛本願功德，悉令安隱得其福也。」

佛言：「阿難！汝口為言善，而汝內心狐疑不信我言。阿難！汝莫作是念，以自毀敗汝之功德。」

佛言：「阿難！我見汝心，我知汝意，汝知之不？」

阿難即以頭面著地，長跪白佛言：「審如天中天所說，我造次聞佛說是藥師瑠璃光極大尊貴，智慧巍巍難可度量，我心有小疑耳，敢不首伏！」

佛言：「汝智慧狹劣少見少聞，汝聞我說深妙之法無上空義，應生信敬貴重之心，必當得至無上正真道也。」

文殊問佛言：「世尊！佛說是藥師瑠璃光如來無量功德如是，不審誰肯信此言者？」

佛答文殊言：「唯有百億諸菩薩摩訶薩當信是言耳！唯有十方三世諸佛當信是言！」

佛言：「我說是藥師瑠璃光佛如來本願功德難可得見，何況得聞？亦難得說，難得書寫，亦難得讀。文殊師利！若有男子、女人能信是經，受持、讀誦、書著竹帛，復能為他人解說中義，此皆先世已發道意，今復得聞此微妙法，開化十方無量衆生，當知此人必當得至無上正真道也。」

佛告阿難：「我作佛以來，從生死復至生死，勤苦累劫無所不經、無所不歷、無所不作、無所不為，如是不可思議，況復瑠璃光佛本願功德者乎！汝所以有疑者亦復如是。阿難！汝聞佛所說，汝諦信之，莫作疑惑；佛語至誠，無有虛偽，亦無二言；佛為信者施，不為疑者說也。阿難！汝莫作小疑以毀大乘之業，汝却後亦當發摩訶衍心，莫以小道毀汝功德也。」

阿難言：「唯！唯！天中天！我從今日以去無復爾心，唯佛自當知我心耳。」

佛語阿難：「此經能照諸天宮宅，若三災起時，中有天人發心念此瑠璃光佛本願功德經者，皆得離於彼處之難。是經能除水涸不調；是經能除他方逆賊悉令斷滅，四方夷狄各還正治不相嬈惱，國土交通，人民歡樂；是經能除穀貴飢凍；是經能滅惡星變怪；是經能除疫毒之病；是經能救三惡道苦：地獄、餓鬼、畜生等苦。若人得聞此經典者，無不解脫厄難者也。」

爾時，衆中有一菩薩名曰救脫，從座而起整衣服，叉手合掌而白佛言：「我等今日，聞佛世尊演說過東方十恒河沙世界有佛號瑠璃光，一切衆會靡不歡喜。」

救脫菩薩又白佛言：「若族姓男女其有尫羸、著床痛惱、無救護者，我今當勸請衆僧，七日七夜齋戒一心，受持八禁六時行道，四十九遍讀是經典；勸然七層之燈，亦勸懸五色續命神幡。」

阿難問救脫菩薩言：「續命幡燈法則云何？」

救脫菩薩語阿難言：「神幡五色四十九尺，燈亦復爾；七層之燈，一層七燈，燈如車輪。若遭厄難閉在牢獄枷鎖著身，亦應造立五色神幡、然四十九燈，應放雜類衆生至四十九，可得過度危厄之難，不為諸橫惡鬼所持。」

救脫菩薩語阿難言：「若國王、大臣及諸輔相、王子、妃主、中宮、綵女，若為病苦所惱，亦應造立五色繒幡，然燈續明救諸生命，散雜色華，燒衆名香。王當放赦屈厄之人，徒鎖解脫，王得其福，天下太平，雨澤以時，人民歡樂，惡龍攝毒，無病苦者，四方夷狄不生逆害，國土通洞，慈心相向無諸怨害，四海歌詠稱王之德。乘此福祿在意所生，見佛聞法信受教誨，從是福報至無上道。」

阿難又問救脫菩薩言：「命可續也？」

救脫菩薩答阿難言：「我聞世尊說有諸橫，勸造幡蓋令其修福。」又言：「阿難！昔沙彌救蟻以修福故，盡其壽命不更苦患身體安寧，福德力強使之然也。」

阿難因復問救脫菩薩言：「橫有幾種？」

救脫菩薩答阿難言：「世尊說言：橫乃無數，略而言之，大橫有九。一者、橫病。二者、橫有口舌。三者、橫遭縣官。四者、身羸無福，又持戒不完，橫為鬼神之所得便。五者、橫為劫賊所剝。六者、橫為水火災漂。七者、橫為雜類禽獸所噉。八者、橫為怨讎符書、厭禱、邪神牽引，未得其福但受其殃，先亡牽引，亦名橫死。九者、有病不治又不修福，湯藥不順，針炙失度，不值良醫，為病所困於是滅亡；又信世間妖孽之師，為作恐動寒熱言語，妄發禍福；所犯者多，心不自正，不能自定卜問覓禍，殺猪、狗、牛、羊種種衆生，解奏神明，呼諸邪妖、魍魎、鬼神，請乞福祚，欲望長生終不能得；愚癡迷惑信邪倒見，死入地獄展轉其中無解脫時。是名九橫。」

救脫菩薩語阿難言：「其世間人瘻黃之病，困篤著床，求生不得，求死不得，考楚萬端。此病人者，或其前世造作惡業罪過，所招殃咎所引故使然也。」

救脫菩薩語阿難言：「閻羅王者，主領世間名籍之記。若人為惡，作諸非法，無孝順心，造作五逆，破滅三寶，無君臣法；又有衆生不持五戒、不信正法，設有受者多所毀犯；於是地下鬼神及伺候者奏上五官，五官料簡除死定生，或注錄精神未判是非，若已定者奏上閻羅，閻羅監察隨罪輕重考而治之。世間瘻黃之病，困篤不死，一絕一生，由其罪福未得料簡，錄其精神在彼王所，或七日、二三七日，乃至七七日名籍定者，放其精神還其身中；如從夢中見其善惡，其人若明了者信驗罪福。是故我今勸諸四輩，造續命神旛，然四十九燈，放諸生命；以此旛燈、放生功德，拔彼精神令得度苦，今世後世不遭厄難。」

救脫菩薩語阿難言：「如來世尊說是經典，威神功德利益不少。」

座中諸鬼神有十二神王，從座而起往到佛所，胡跪合掌白佛言：「我等十二鬼神在所作護，若城邑、聚落、空閑林中，若四輩弟子誦持此經，令所結願無求不得。」

阿難問言：「其名云何？為我說之！」

救脫菩薩言：「灌頂章句其名如是：

神名金毘羅，　神名和耆羅，　神名彌佉羅，　神名安陀羅，

神名摩尼羅，　神名宋林羅，　神名因持羅，　神名波耶羅，

神名摩休羅，　神名真陀羅，　神名照頭羅，　神名毘伽羅。」

救脫菩薩語阿難言：「此諸鬼神別有七千以為眷屬，皆悉叉手低頭，聽佛世尊說是藥師瑠璃光如來本願功德，莫不一時捨鬼神形得受人身，長得度脫無眾惱患。若人疾急厄難之日，當以五色縷結其名字，得如願已然後解結，令人得福灌頂章句法應如是。」即說呪曰：

南謨鼻殺所界反下同遮俱嚧吠瑠璃耶　鉢波喝邏社耶　哆姪他　鼻殺遮鼻殺遮　娑婆揭帝　薩婆訶

佛說是經時，比丘僧八千人，諸菩薩三萬六千人，諸天、龍、鬼、神八部大王，無不歡喜。

阿難從座而起前白佛言：「演說此法當何名之？」佛言：「此經凡有三名：一名藥師瑠璃光佛本願功德，二名灌頂章句十二神王結願神呪，三名拔除過罪生死得度。」

佛說經竟，大衆人民作禮奉行。

灌頂經卷第十二

藥師如來念誦儀軌

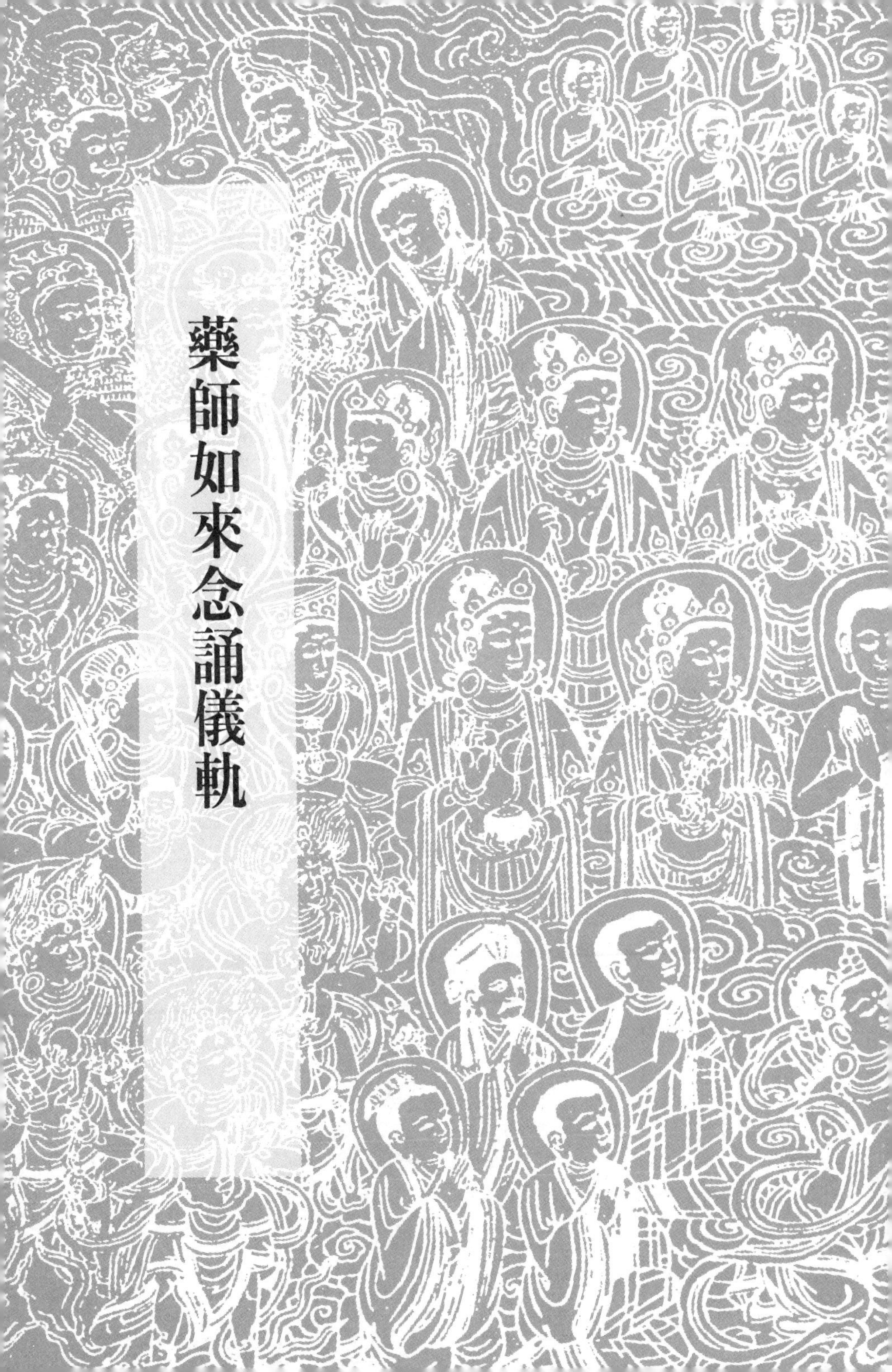

藥師如來念誦儀軌一卷

大興善寺三藏沙門大廣智不空奉　詔譯

佛一時在維耶離樂音樹下與大菩薩三萬六千、比丘八萬人俱，及十二神王并諸眷屬、天龍八部大神王，在如是等大衆會中，說此法已，大衆皆聞無不歡喜。是名即為結願神呪，即薄伽梵說呪曰：

南謨薄伽筏帝鞞殺社寠嚕蔽瑠璃鉢喇婆喝囉闍耶怛他揭多怛姪他唵鞞殺逝鞞殺逝鞞殺社三沒揭帝娑婆訶

若有受持此真言，能拔身中過去生死一切重罪，不復經歷三途，免離九橫，超越衆苦，十方世界隨處安樂，自在無礙，法應如是。若善男子、善女人等，受持讀誦是真言者，日夜精勤，香湯洗浴著新淨衣，持諸禁戒，如法誦滿真言十萬遍已，就清淨處如法治地。以淨土築令平，以淨牛糞和檀香塗圓壇，以種種雜寶莊嚴壇，安中心一藥師如來像。如來左手令執藥器，亦名無價珠，右手令作結三界印，一著袈裟結跏趺坐；令安蓮華臺，臺下十二神將，八萬四千眷屬上首；令□又令須蓮臺，如來威光中令住日光、月光二菩薩。如是壇四方周匝五色，近前安置二閼伽器商佉瓦器，隨意受用奉獻承事尊像；像前念誦四十九日間若三七日，畫像壇四角安置賢瓶。如是晝夜七日內，誦呪數滿百千萬遍，所求從心無量獲果報；除不至心，法應如是。所有利益說不可盡，其餘功能窮劫不可說。

復次，說藥師如來根本印：以左右手頭指以下八指，反叉入於掌，以二大指來去。呪曰：

唵戰馱祇哩娑婆訶（是名根本印）

次說閼伽印：以二手掌捧器頂戴。真言曰：

南莫三曼多沒馱南羯羯哞三摩三摩娑婆訶

次花座真言印。次說塗香印：二手合掌，二頭指二大指端合如彈指。真言曰：

南莫三曼多沒馱南㵸吐羯羅耶娑婆訶

次說花印：二手合掌，二小開末。真言曰：

南莫三曼多沒馱南沒社華娑婆訶

次說燒香印：二手合掌，山屈。真言曰：

唵那謨佗羅佗羅曼拏微灑曳尸并寧娑婆訶

次說花座印：二手背合，以右腕押左。真言曰：

唵社皤羅娑蒲悉什皤羅末吒阿

次說普供養印：二手金剛合掌。真言曰：

南莫三曼多沒馱南唵阿凡賀布灑摩尼娑婆訶

次念誦，次說發遣：以禪智指取花投壇中方。真言曰：

南莫三曼多沒馱南阿蘗磋蘗磋娑婆訶

是法印呪，能滅一切苦惱。若有人等，多諸罪障，及諸婦女願欲轉禍，依教作藥師像一軀，寫藥師經一卷，造幡四十九燈，作七層形如車輪，安置像前，五色作索，以印柱之，四十九結繫彼人身，又轉藥師經四十九卷，所有罪障皆得解脫，壽命延長，不遇橫苦，即得安穩，鬼神之病，并即除愈。

若欲降伏惡人者，作印以嗔心誦一百八遍，遙打一切外道破滅。若人患心病者，加持青木香，塗心除愈。若人患頭病者，加持桂皮二十遍，服之除愈。若人患腫黃者，加持欝金香一百八遍，塗除愈。若人欲遠去怨家，加持苦練子一百八遍，一呪一燒投火中燒，其人即遠去。若患身體支節痛，呪湯水一百八遍，洗浴即得除愈。若人每日早朝，以水一掬呪七遍飲之，在身所有惡報悉得消滅，何況無諸災厄者！及諸三業苦亦得除愈，并得壽命長遠。若呪飲喫者，一切諸毒不能為損。若見惡人及有怨家，當須念誦此呪，所有怨家起惡心者，當皆降伏，惡心即滅，慈心相向。有恐怖處，當須攝心念誦。若欲臥時，當誦此呪一百八遍，即得好夢，善知吉凶。若人或患瘧病，持此呪者，視患瘧人，切誦此呪一千八遍，其患即除愈。

藥師如來念誦儀軌一卷

藥師如來念誦儀軌一卷

大興善寺三藏沙門大廣智不空奉　詔譯

佛一時在維那離音樂樹下與三萬六千比丘人俱，及十二神王并諸眷屬、天龍八部大神王，在如是等大衆會中說是法已，大衆皆聞無不歡喜。是即名為結願神呪，即薄伽梵說呪曰：

南謨薄伽筏帝鞞殺社寠嚕薇瑠璃鉢唎婆喝囉闍耶怛他揭多怛姪他唵鞞殺逝鞞殺社三沒揭帝*沙婆呵

若有受持此真言，能拔身中過去生死一切重罪，不復經歷三塗，免離九橫，超越衆苦。

根本印真言：以左右手頭指以下八指，反叉入於掌，以二大指來去。呪曰：

唵戰馱祇哩娑婆呵

次結護讚：

薩縛勃馱曩薩縛爾曩(入)迦盧拏怛麼(二合平)迦訶羅(引)覩迷(存念於我)俱嚕吠女哩也(二合)入縛羅(引)怛他誐多麼訶捺耶(成就義)曩謨悉羯羅(歸命頂禮義)

藥師如來念誦儀軌一卷

㊟上一卷「藥師如來念誦儀軌」為日本長谷寺藏本，此卷則為日本豐山大學藏本。

阿閦佛國經

阿閦佛國經卷上

後漢月支國三藏支婁迦讖譯

發意受慧品第一

聞如是：一時，佛在羅閱祇耆闍崛山中，與大比丘眾比丘千二百五十人俱，皆阿羅漢也，生死已斷，無復有結，悉壞牢獄，已得自在，意已善解，智慧為度，諸天龍王皆為之伏，所作已辦，諸當為者已脫重擔，便得所有用正慧解，意得自在，所度無極，獨阿難未也。

爾時，賢者舍利弗起，長跪叉手而白佛言：「善哉！天中天！昔者諸菩薩求無上正真道者，行德號發意便得至號。是諸菩薩以儀哀念安隱諸天及世間人，為作安諦，多所安隱，於衆人民，以儀故哀念安定，以大身於世間無蓋，哀傷諸天及人，今現在及過去諸菩薩摩訶薩為現光明，乃至法之明為作照明，令至佛光明而無有名。若有求菩薩道者，當如昔者諸菩薩摩訶薩所願，及行明照并僧那，令入德號*已聞者，當如是學奉行之，學如是者即為成阿惟越致及無上正真道也。」

佛言：「善哉！賢者舍利弗！所*問甚善。汝乃問過去諸菩薩摩訶薩所願及行照明并僧那，令至所號，念諸當來菩薩令受取之。諦聽是，舍利弗！善思念之！為汝解說過去諸菩薩摩訶薩所施行。」

舍利弗言：「唯然！世尊！願樂欲聞。」

佛告舍利弗：「有世界名阿比羅提，其佛名大目，於彼為諸菩薩摩訶薩說法及六度無極之行。」

爾時，賢者舍利弗心念言：「我欲問如來天中天，何所是阿比羅提世界，及大目如來、無所著、等正覺為諸菩薩摩訶薩說法及六度無極之行者乎？」

時，佛即知賢者舍利弗心所念，告舍利弗言：「東方去是千佛剎，有世界名阿比羅提，其佛名大目如來、無所著、等正覺，為諸菩薩說法及六度無極之行[2]。

「時，有比丘從坐起，正衣服，右膝著地，向大目如來，叉手白大目如來言：『唯，天中天！我欲如菩薩結願學所當學者。』如是，舍利弗！其大目如來告其比丘言：『如結願學諸菩薩道者，甚亦難。所以者何？菩薩於一切人民及蜎飛蠕動之類，不得有瞋恚。』

「如是，舍利弗！其比丘白大目如來言：

天中天！我從今以往，發無上正真道意，以意勸助而不離之，用願無上正真道也。當令無諛諂，所語至誠，所言無異。

唯，天中天！我發是薩芸若意，審如是願為無上正真道者，若於一切人民、蜎飛蠕動之類起是瞋恚第一，意若發弟子、緣一覺意第二，唯意念婬欲第三，若發意念睡眠、念衆想由譽第四，發意念狐疑第五，乃至成最正覺，我為欺是諸佛世尊，諸不可計無央數不可思議無量世界中諸佛、天中天今現在說法者。

唯，天中天！我發是薩芸若意，審如是願為無上正真道者，若我發意念殺生者第一，若發意念盜取他人財物第二，若發意念非梵行者第三，若發意念妄言第四，若發意念悔恨第五，乃至成最正覺，我為欺是諸佛世尊，諸不可計無央數不可思議無量世界中諸佛、天中天今現在說法者。

唯，天中天！我發是薩芸若意，審如是願為無上正真道者，若我發意念罵詈第一，若發意念惡口第二，愚癡第三，若發意念綺語第四，若發意念邪見第五，乃至成最正覺，我為欺是諸佛世尊，諸不可計無央數不可思議無量世界中諸佛、天中天今現在說法者。」

佛語舍利弗：「其比丘如是為*已，被是大僧那僧涅，菩薩摩訶薩初發是意，乃於一切人民蜎飛蠕動之類，意無瞋怒，亦無恚恨也。舍利弗！爾時，其菩薩摩訶薩用無瞋恚故，名之為阿閦，用無瞋恚故，住阿閦地；其大目如來、無所著、等正覺亦歡樂作是名，四天王亦歡樂為是名，天帝釋及梵三鉢亦歡樂作是名。」

佛語舍利弗：「其阿閦菩薩摩訶薩白大目如來、無所著、等正覺言：

唯，天中天！我發是薩芸若意，審如是不離願為無上正真道者，不奉行如今所語，常不捨得律行迹，不發薩芸若意而欲念成佛者，世世不常作沙門，世世不常著補納之衣，世世作沙門以三法衣不具，乃至成最正覺，我為欺是諸佛世尊，諸不可計無央數不可思議無量世界中諸佛、天中天今現在說法者。

唯，天中天！我發薩芸若意，審如是願為無上正真道者，世世不常為人說法，世世不常作法師，世世所說事不有無所罣礙高明之行，世世不有無量高明之智，世世作沙門不常行分衛，乃至成最正覺，我為欺是諸佛世尊，諸不可計無央數不可思議無量世界中諸佛、天中天今現在說法者。

唯，天中天！我發是薩芸若意，審如是願為無上正真道者，世世作沙門已，不常在樹下坐；世世不常精進行三事，何等三？一者、經行，二者、坐，三者、住；世世若發意念罪本，妄語欺人，誹謗讒言；世世為女人說法及食飲因緣，若起想著笑為說法者，乃至成最正覺，我為欺是諸佛世尊，諸不可計無央數不可思議無量世界中諸佛、天中天今現在說法者。

唯，天中天！我發是薩芸若意，審如是願為無上正真道者，世世若舉手說法，世世見餘菩薩不發佛心，世世若發意念供養外異道人捨諸如來，世世若在坐上聽法，乃至成最正覺，我為欺是諸佛世尊，諸不可計無央數不可思議無量世界中諸佛、天中天今現在說法者。

唯，天中天！我發是薩芸若意，審如是願為無上正真道者，世世若發意念：我當布施與某，不布施與某；世世若發意念：我當於某處立福施，於某處不立福施；世世若發意念：我常持法施與某，不持法施與某；世世見孤窮，用其人故，不分身命，乃至成最正覺，我為欺是諸佛世尊，諸不可計無央數不可思議無量世界中諸佛、天中天今現在說法者。

唯，天中天！我發是薩芸若意，審如是願為無上正真道者，我世世於諸菩薩所意無有異，至無上正真最正覺也。」

佛語舍利弗：「爾時，其比丘如是，如來、無所著、等正覺為作保任；若如來為作保任者，諸天、阿須倫、世間人民亦為作保任。爾時，大目如來為作保任，時諸天、阿須倫、世間人民亦為作保任。佛言：『若復有比丘菩薩摩訶薩，以是色像僧那求無上正真道者，皆當成無上正真道最正覺也。』」

佛語舍利弗：「其阿閦菩薩白大目如來、無所著、等正覺：

唯，天中天！我發是薩芸若意，審如是願為無上正真道者，令我成最正覺時，其剎所有比丘、比丘尼、優婆塞、優婆夷，若有罪惡者及譏罪惡者，我為欺是諸佛世尊，諸不可計無央數不可思議無量世界中諸佛、天中天今現在說法者。復次，天中天！我當修行乃至成無上正真道最正覺，令我佛剎諸弟子一切皆無有罪惡者；我當修佛道，至令佛剎嚴淨。

唯，天中天！我發是薩芸若意，審如是願為無上正真道者，我若於夢中失精，乃至成最正覺，我為欺是諸佛世尊，諸不可計無央數不可思議無量世界中諸佛、天中天今現在說法者。復次，天中天！我當修行乃至成無上正真道最正覺，令我佛剎中諸菩薩出家為道者，於夢中不失精。

唯，天中天！我發是薩芸若意，審如是願為無上正真道者，世間母人有諸惡露，我成最正覺時，我佛剎中母人有諸惡露者，我為欺是諸佛世尊，諸不可計無央數不可思議無量世界中諸佛、天中天今現在說法者。是為菩薩法事如意所念行，佛亦為如應說法。」

佛語舍利弗：「爾時有一比丘，謂阿閦菩薩摩訶薩：『乃作是結願，若使不退轉者，當以右指*按地，令大震動。』爾時，阿閦菩薩應時承佛威神，自蒙高明力，乃令地六反震動，阿閦菩薩摩訶薩所感動，如語無有異也。」

佛語舍利弗：「若有菩薩欲成無上正真道最正覺者，當學阿閦菩薩摩訶薩行。菩薩摩訶薩以學阿閦菩薩行者，不久亦當即取佛剎土，當復成無上正真道最正覺也。」

爾時，賢者舍利弗問佛言：「天中天！阿閦菩薩摩訶薩初發意時，有幾何天在會中？」

佛告舍利弗：「阿閦菩薩初發意學時，三千大千世界中四天王、天帝釋及憋魔梵三鉢，一切皆向阿閦菩薩，叉手說是語：『昔所不聞是僧那。』諸天聞*已，便說言：『阿閦菩薩成無上正真道，若有人生其佛剎者，是人福德不小也。』」

賢者舍利弗白佛言：「未曾聞餘菩薩摩訶薩以是色像學僧那，我亦不見亦不聞如阿閦菩薩摩訶薩及天中天為作如是之名。」

佛言：「如是也，舍利弗！少有菩薩摩訶薩以是色像學僧那及無上正真道，如阿閦菩薩摩訶薩。於是，舍利弗！陂陀劫中諸菩薩摩訶薩，其德不及阿閦菩薩摩訶薩之功德也。」

佛語舍利弗：「爾時，其大目如來、無所著、等正覺授阿閦菩薩無上正真道決：汝為當來佛，號阿閦如來、無所著、等正覺、成慧之行、而為師父、安定世間、無上大人、為法之御、天上天下尊、佛、天中天，亦如提洹竭佛授我決。」

時，佛語舍利弗：「大目如來授阿閦菩薩摩訶薩無上正真道決時，其三千大千世界皆為大明；譬我亦如是，授無上正真道決時，其三千大千世界皆為大明。

「復次，舍利弗！其阿閦菩薩摩訶薩成無上正真道最正覺，得薩芸若慧時，其三千大千世界六反震動；譬我亦如是，成無上正真道得薩芸*若慧時，三千大千世界為六反震動。

「復次，舍利弗！阿閦菩薩摩訶薩授無上正真道決時，是三千大千世界中諸藥樹木，一切皆自曲低，向阿閦菩薩作禮；譬我亦如是，成無上正真道最正覺得薩芸若慧時，是三千大千世界諸藥樹木，一切皆自曲低，向我作禮。

「復次，舍利弗！大目如來、無所著、等正覺授阿閦菩薩摩訶薩無上正真道決時，其三千大千世界中，諸天、龍、鬼神、犍沓惒、阿須倫、迦留羅、真陀羅、摩休勒，一切皆向阿閦菩薩叉手而作禮；譬我亦如是，成無上正真道最正覺，得薩芸若慧時，三千大千世界諸天、龍、鬼神、犍陀羅、阿須輪、迦留羅、真陀羅、摩睺勒，皆向我叉手作禮。

「復次，舍利弗！其大目如來、無所著、等正覺授阿閦菩薩摩訶薩無上正真道決時，遍三千大千世界，諸妊身女人皆安隱產，盲者得視，聾者得聽；譬我亦如是，成無上正真道最正覺，得薩芸若慧時，是三千大千世界，諸妊身女人皆安隱產，盲者得視，聾者得聽。

「復次，舍利弗！大目如來、無所著、等正覺授阿閦菩薩摩訶薩無上正真道決時，遍三千大千世界中，人非人皆燒香；譬我亦如是，成無上正真道最正覺，得薩芸若慧時，遍三千大千世界中，人非人皆燒香。」

賢者舍利弗白佛言：「阿閦菩薩摩訶薩乃有是無極之德！」

佛告舍利弗：「阿閦菩薩摩訶薩不但有功德，不獨大目如來授其決，如是不可稱說無央數功德得度無極。

「復次，舍利弗！大目如來授阿閦菩薩摩訶薩無上正真道決時，諸天、阿須倫、世間人，其意皆安隱，悉得其時；譬我亦如是，成無上正真道最正覺，得薩芸若慧時，諸天、阿脩羅、世間人，意皆得安隱，悉得其時。

「復次，舍利弗！其大目如來授阿閦菩薩摩訶薩無上正真道決時，和夷羅鬼神常隨後護之；譬我亦如是，成無上正真道最正覺，得薩芸若慧時，和夷羅鬼神常隨我後行。

「復次，舍利弗！大目如來授阿閦菩薩摩訶薩無上正真道最正覺，得薩芸若慧時，諸天、阿脩羅、世間人，以天華天香供養之；譬我亦如是，成無上正真道最正覺，得薩芸若慧時，諸天、阿脩羅、世間人，以天華天香來供養。

「復次，舍利弗！大目如來授阿閦菩薩摩訶薩無上正真道決時，二十億人及三十億諸天發無上正真道意，大目如來、無所著、等正覺皆授其決。

「復次，舍利弗！大目如來、無所著、等正覺授阿閦菩薩摩訶薩無上正真道決時，其地大動，自然生優鉢華、蓮華、拘文華、分陀利華布其地；譬我亦如是，成無上正真道最正覺，得薩芸若慧時，大地自然生優鉢華、蓮華、拘文華、分陀利華布其地。

「復次，舍利弗！大目如來、無所著、等正覺授阿閦菩薩摩訶薩無上正真道決時，若干百天人、若干千天人、若干百千諸天人住於虛空，以天衣用散阿閦菩薩上，即說是言：『菩薩摩訶薩當度成無上正真道最正覺也。』

「復次，舍利弗！大目如來授阿閦菩薩摩訶薩無上正真道決，爾時，諸天、阿須羅、世間人民相愛，劇父母哀其子；譬我亦如是，成無上正真道最正覺時，諸天、阿脩羅、世間人民相愛，劇父母哀其子也。

「復次，舍利弗！大目如來授阿閦菩薩摩訶薩無上正真道決時，其三千大千世界中，諸天及人民承佛威神，皆聞授阿閦菩薩決。如是，舍利弗！昔授菩薩決時，其此國中人民一心布施，為福德快飲食，若有求索者，已所喜而施與。譬我亦如是，成無上正真道最正覺時，是三千大千世界中，諸天及人民皆承佛威神，聞授決時。如是，舍利弗！昔此國中人民一心布施，為福德快飲食，若有求索者，已所喜而施與。

「復次，舍利弗！其大目如來授阿閦菩薩摩訶薩無上正覺道決時，諸欲界天悉鼓天伎樂供養。舍利弗！是阿閦菩薩摩訶薩授決時之功德行。」

賢者舍利弗白佛言：「難及天中天、如來、無所著、正覺，誠諦說之不可思議諸佛、佛之境界！不可思議諸神、神之境界！不可思議諸龍、龍之境界⑨！乃從阿閦菩薩摩訶薩初發意學受得此功德。天中天！是阿閦菩薩摩訶薩授決時亦不可思議。」

是時，賢者阿難謂賢者舍利弗：「阿閦菩薩摩訶薩初發意學僧那及*德號如是也。」

舍利弗謂阿難言：「是皆有因緣所致，阿閦菩薩摩訶薩初發意學僧那及德號，今佛當廣解說之。」

時，佛告舍利弗言：「阿閦菩薩初發是意時，可令虛空有異，我所結願不可使有異，被僧那僧涅乃如是。」

佛語舍利弗：「如阿閦菩薩摩訶薩所被僧那僧涅，寶英菩薩摩訶薩亦從阿閦菩薩學行，舍利弗！無央數菩薩不能及知阿閦菩薩所被僧那僧涅，甚堅積累德行乃如是。舍利弗！其阿閦菩薩以成無上正真道①最正覺，今現在阿比羅提世界。阿閦如來、無所著、等正覺行菩薩道時，世世人求手足及頭目肌肉，終不逆人意也。舍利弗！阿閦如來從初發意至成無上正真道最正覺，不中有頭痛，亦無風氣上隔之病。舍利弗！是阿閦如來、無所著、等正覺昔行菩薩道時，甚難及未曾有之法。阿閦如來昔行菩薩道時，世世見如來，一切常奉梵行，世世亦作，是名阿閦菩薩從一佛剎復遊一佛剎，所至到處，目常見諸天中天生於彼。」

佛言舍利弗：「譬如轉輪王得天下，所從一觀復至一觀，足未曾蹈地，所至常以五樂自娛，得自在至盡壽。如是，舍利弗！阿閦如來行菩薩道行，世世常自見如來無所著、等正覺，常修梵行，於彼所說法時，一切皆行度無極，少有行弟子道。彼所行度無極為說法，有立於佛道者，便勸助為現正，令歡喜踊躍，皆令修無上正真道，便發是大尊意：彼說法時，諸所德本以願持，作無上正真道；我持是德本願無上正真道成最正覺時，說法令我佛刹中諸菩薩摩訶薩，佛說法時，承佛威神，皆受諷誦持之。諷誦已，是諸菩薩摩訶薩從一佛刹復遊一佛刹，意常樂諸佛、天中天，至成無上正真道最正覺；我亦如是，從一佛刹復遊一佛刹，即住於兜術天，得一生補處之法。」

佛復語舍利弗：「如是，諸菩薩摩訶薩從兜術天自以神力下入母腹中，從右脇生。菩薩生墮地時，地為大動，以修行有是應。菩薩在母腹中時，都無有臭處，亦無惡露，亦無不可意。」

時，佛語舍利弗：「譬如神通比丘，若入*交露精舍，於虛空中遊行周匝；

虛空中行，於*交露精舍無所觸礙。如是，舍利弗！菩薩入母腹中時，如在虛空中遊觀周匝無所觸礙，亦無臭處。其阿閦如來昔行菩薩道時如是，我亦如是，行無上正真道時，一切皆破壞魔事，我如是成無上正真道最正覺。阿閦佛刹求菩薩道及求弟子道者，皆破壞諸惡，降伏衆魔，一切皆盡，其佛刹人民不復作魔事：『我當修是佛道，至得出家學道。』」

佛語舍利弗：「阿閦如來、無所著、等正覺，昔行菩薩道聽說法時，其身不生疲極，意亦不念疲極。舍利弗！阿閦如來昔求菩薩道聽說法時，如是好法，令我佛刹中諸菩薩摩訶薩好法如是。」

阿閦佛刹善快品第二

賢者舍利弗白佛言：「天中天！是阿閦如來、無所著、等正覺，昔行德號時，以成號阿閦如來、甚善、天中天。願佛當復廣說其佛刹之善快，所以者何？若有求菩薩道者，聞知彼佛刹之善快，及阿閦如來所現行教授；若復有求弟子道未得度者，聞彼佛刹之善快，及阿閦如來所現教授，恭敬清淨之行。」

佛言：「善哉！善哉！舍利弗！所問甚善。汝問佛義快乃如是，念阿閦佛刹之善快！阿閦如來成無上正真道最正覺，得薩芸若慧時，其三千大千世界皆為大明，地六反震動。阿閦如來成最正覺時，其三千大千世界中諸人民，七日不食飲，亦不妄食飲，亦不妄誤諂，身亦無疲極之想。如是也，俱想念安隱，好喜相愛敬，歡喜意以得時念。爾時，諸人民、諸欲天，皆棄穢濁思想。所以者何？用阿閦如來昔時願所致得是德號，其三千大千世界一切人民，叉手向阿閦如來。其佛刹如是，無央數佛刹不及是阿閦佛刹之善快。舍利弗！是為阿閦如來昔行菩薩道之所願而有持，諸菩薩摩訶薩所願有持者，佛[①]刹便善快。」

佛語舍利弗：「我昔行菩薩道時，如所願今自然得之；阿閦如來成無上正真道最正覺時，其三千大千世界諸人民得天眼者、未得天眼者，皆見其光明。舍利弗！是為阿閦如來昔行菩薩道時，所願而有持。」

佛復語舍利弗：「阿閦如來成無上正真道最正覺，往詣佛樹時，諸憋魔不能發念，何況當復能往娆薩芸若慧？舍利弗！是為阿閦如來昔行菩薩道時所願而有持。

「復次，舍利弗！阿閦如來成無上正真道最正覺，得薩芸若慧時，無央數那術億百千諸天人於虛空住，以天華、天栴檀、雜香、天搗香、伎樂供養散阿閦佛上。供養已，其天華、天香、天搗香、天栴檀香、天雜香悉於虛空中合住，化成圓華蓋。舍利弗！是為阿閦如來昔行菩薩道時所願而有持，阿閦如來光明皆照明三千大千世界常明，阿閦如來光明悉蔽日月之光明，及一切諸天光明皆令滅，使人民不復見日月之明。舍利弗！是為阿閦如來昔行菩薩道時所願而有持。」

賢者舍利弗白佛言：「天中天！阿閦如來、無所著、等正覺昔行菩薩道時，以被是大僧那僧涅乃作是願。」

佛言：「昔行菩薩道時，若干百千人不可復計，無央數人積累德本，於無上正真道持是積累德本，願作佛道，及淨其佛剎；如所願欲嚴其佛剎，即亦具足其願。

「復次，舍利弗！阿閦佛⊙剎樹以七寶作之，高四十里，周匝二十里，其枝葉旁行四十里，其枝下垂，其欄楯繞樹，周匝五百六十里，阿閦如來於其樹下得薩芸若慧。」

佛語舍利弗：「如世間巧人鼓百種音樂，其聲不如阿閦佛剎中梯陛樹木之音聲。風適起，吹梯*陛，樹木相叩作悲聲。」

佛語舍利弗：「聽說阿閦如來、無所著、等正覺剎中之淨快，諦聽，善思念之！今當為汝說之。」

賢者舍利弗言：「唯然！世尊！願樂欲聞。」

佛言：「阿閦如來剎中無有三惡道。何等為三？一者、泥犁，二者、禽獸，三者、薜荔。一切人皆行善事，其地平正生樹木，無有高下，無有山陵嵠谷，亦無有礫石崩山。其地行足蹈其上即*陷適☆，舉足便還復如故，譬如綩綖枕頭，枕其上即為*陷適☆，舉頭便還復如故，其地如是。其佛剎無有三病。何等為三？一者、風，二者、寒，三者、氣。其佛剎人，一切皆無有惡色者，亦無有醜者，其婬怒癡薄。其佛刹人民皆悉無有牢獄拘閉之事，一切皆無有衆邪異道。其刹中樹木常有花實，人民皆從樹取五色衣被，衆共用著之，其衣被甚姝好，無敗色者。」

佛語舍利弗：「人民所著衣香，譬如天華之香；其飯食香美，如天樹香，無有絕時，諸人民著無央數種種衣被。其佛刹人民，隨所念食即自然在前。譬如，舍利弗！忉利天人隨所念食即自然在前，如是其刹人民，隨所念欲得何食，即自然在前，人民無有貪於飲食者。

「復次，舍利弗！其佛刹人民所臥起處，以七寶為交露精舍，滿無有空缺處。其浴池中有八味水，人民衆共用之，其水轉相灌注，諸人民終不失善法行。譬如，舍利弗！玉女寶過踰，凡女人不及，其德如天女。如是，舍利弗！其佛刹女人德，欲比玉女寶者，玉女寶不及其佛刹女人，百倍千倍萬倍億倍，巨億萬倍不與等。人民以七寶為床，上布好綩綖，悉福德致，自然為生。舍利弗！是阿閦如來、無所著、等正覺昔行菩薩道時，所願而有持，阿閦佛以福德所致，成佛刹如是比。」

佛復語舍利弗言：「其剎中人民飯食，勝於天人飯食；其食色香味，亦勝天人所食。其剎中無有王，但有法王、佛、天中天。」

佛言：「舍利弗！譬如欝單越天下人民無有王治。如是，舍利弗！阿閦如來、無所著、等正覺佛剎無有王，但有阿閦如來、天中天、法王，譬如忉利天帝釋，於*座適☆發念，諸天便來受其教。舍利弗！是為阿閦如來佛剎之善快，其剎人民不從婬欲之事。所以者何？用是阿閦如來、真人、法御、天中天所致。舍利弗！是為阿閦如來昔行菩薩道時願所致，令佛剎善快。」

爾時，有異比丘聞說彼佛剎之功德，即於中起婬欲意，前白佛言：「天中天！我願欲往生彼佛剎。」

佛便告其比丘言：「癡人！汝不得生彼佛剎。所以者何？不以立婬欲亂意者，得生彼佛剎；用餘善行法清淨行，得生彼佛剎。」

佛語舍利弗：「阿閦如來佛剎有八味水，是諸人民所為，悉共用之。人民意念欲令自然浴池有八味水滿其中，用人民故，即自然有浴池，有八味水滿其中；

意念欲令水轉流行，便轉流行；意欲令滅不現，即滅不現。其佛剎亦不大寒，亦不大熱，風徐起甚香快。是風用諸天、龍、人民故，隨所念風便起；若一人念，欲令風起自吹，風即獨吹之；意念不欲令風起，風便不起；風起時，不動人身，風隨人所念起。舍利弗！是為阿閦如來佛剎之善快，如昔時所願。」

佛語舍利弗：「阿閦如來佛剎女人意欲得珠璣、瓔珞者，便於樹上取著之。欲得衣被者，亦從樹上取衣之。舍利弗！其佛剎女人無有女人之態，如我剎中女人之態也。舍利弗！我剎女人態云何？我剎女人惡色、醜惡舌、嫉妬於法、意著邪事，我剎女人有是諸態，彼佛剎女人無有是態。所以者何？用阿閦如來昔時願所致。」

佛復語舍利弗：「阿閦佛剎女人妊身產時，身不疲極，意不念疲極，但念安隱，亦無有苦。其女人一切亦無有諸苦，亦無有臭處惡露。舍利弗！是為阿閦如來昔時願所致，得是善法，其佛剎無有能及者。

「舍利弗！阿閦佛剎人民，無有治生者，亦無有販賣往來者，人民但共同快樂，安定寂行。其佛剎人不著愛欲婬泆，以因緣自然愛樂。其剎風起吹梯陛樹，便作悲音聲。舍利弗！極好五音聲，不及阿閦佛剎風吹梯陛樹木之音聲也。舍利弗！是為阿閦如來昔行佛道時，所願而有持。」

佛語舍利弗：「若有菩薩摩訶薩欲取嚴淨佛剎者，當如阿閦佛昔行菩薩道時，所願嚴淨取其剎。」

佛復語舍利弗：「阿閦佛剎無有日月光明所照，亦無有窈冥之處，亦無有罣礙。所以者何？用阿閦如來、無所著、等正覺光明，皆照三千大千世界常明。譬如*交露精舍堅閉門，風不得入，好細塗以白堊之，持摩尼寶著其中，其珠便以光明照，其中諸人民，晝夜承其光明。如是，舍利弗！其阿閦如來、無所著、等正覺光明，常照三千大千世界。舍利弗！*交露精舍者，謂是阿比羅提世界也。摩尼寶者謂是阿閦如來也。摩尼寶光明者，謂是阿閦如來之光明也。精舍中人者，謂是阿閦佛剎中人民安樂者也。」

佛語舍利弗：「阿閦如來行所至處，於足迹下地自然生千葉金色蓮華。舍利弗！是為阿閦如來昔行菩薩道時，所願而有待。」

賢者舍利弗問佛言：「阿閦如來、無所著、等正覺入殿舍時，自然生千葉金色蓮華耶？為在所至處自然生乎？」

佛告賢者舍利弗：「阿閦如來若入郡國縣邑，所至到處，亦等如入殿舍時也，亦自然生千葉金色蓮華。若善男子、善女人意念欲令入殿舍，足下自然生蓮華者，皆使蓮華合聚一處便合聚；意欲令上在虛空中承佛威神，其蓮華用人民故，便上在虛空中而羅列成行。」

佛復語舍利弗：「其三千大千世界乃如是，阿閦如來、無所著、等正覺若遣化人到他方異世界，彼亦自然生。以佛威神所致，其三千大千世界，以七寶金色蓮華而莊嚴之。」

阿閦佛國經弟子學成品第三

佛復語舍利弗：「阿閦如來說法時，於一一說法之中，不可計無央數人隨律之行至，有作阿羅漢道證者，如是比無央數諸弟子聚會，及復得八惟務禪者，阿閦如來佛刹諸弟子衆，不可復計。」

佛語舍利弗：「我都不見持計者與挍計，*詎能計數其衆會者也。*已脫重擔，離於牢獄，遠於波頭犁、阿羅羅犁、阿比舍犁、阿優陀犁。如是，舍利弗！衆會不可計數諸善男子，是弟子智慧無央數、不可計衆，在須陀洹、斯陀含、阿那含、阿羅漢道也。若懈怠者得須陀洹，為七生七死，於是說法時，其人為不得上持，為七生七死。阿閦如來說法時，第一說法作須陀洹道證，第二說法作斯陀含道證，第三說法作阿那含道證，第四說法作阿羅漢道證者，其佛刹謂是善男子為懈怠，用不一坐聽法，作阿羅漢道證故。其刹須陀洹，不復七上下生死，便於人間坐禪，得三昧，須陀洹即於彼，自以威神力作阿羅漢道證。其刹斯陀含，不復往還世間，以棄衆苦，便於彼得三昧，斯陀含便於其刹，自以威神力作阿羅漢道證。其刹阿那含，不復上生波羅尼蜜和耶越天，便於彼，自以威神力作阿羅漢道證。其刹阿羅漢不上下，便於彼至無餘泥洹界般泥洹。其刹說沙門四道，如是至令得道住。」

佛言舍利弗：「若善男子、善女人於法自在者，不復失學住，亦不失學餘事，如是於不學地便般泥洹也。無所學地，謂是阿羅漢地。舍利弗！是為阿閦如來、無所著、等正覺剎諸弟子學成，無有僞立。在上好要處者，謂是阿閦如來剎弟子衆阿羅漢也，生死已斷，所作而辦，所當為者，*已脫重擔，便得所有盡壞勤苦牢獄之事，以中正解，復知八維無禪，阿羅漢行八維無禪。舍利弗！是為阿閦如來剎弟子之善行，是為阿羅漢之功德所為*法行。其剎以三寶為梯陛：一者、金，二者、銀，三者、琉璃。從忉利天下至閻浮利地，其忉利天⊙人欲至阿閦如來所時，從是梯陛下。忉利天人樂供養於天下人民言：『如我天上所有，欲比天下人民者，天上所有，大不如天下及復有阿閦如來、無所著、等正覺也。』」

佛語舍利弗：「忉利天人樂供養天下人民，天下人若上至忉利天者，便不樂供養忉利天人。所以者何？我天下佛說經，如我天下所有，於是天上無也，不如我天下所有，我天下樂供養有佛。忉利天見天下人民，天下人⊙民遙見忉利天宮殿，譬如此剎天下人遙見日月星辰殿舍；如是，舍利弗！其佛剎天下人，遙見諸天宮殿如是，及欲行天承佛威神所致，是為阿閦如來佛剎所有善快。」

佛復語舍利弗：「阿閦如來佛剎，三千大千世界皆說法四輩弟子，滿三千大千世界無空缺。阿閦佛剎弟子意不念：『今日當於何食？今日誰當與我食？』亦不行家家乞，時到飯食便辦，滿鉢自然在前，即取食，食已鉢便自然去，其剎飯食如是。諸弟子不復行求衣鉢也，亦不裁衣，亦不縫衣，亦不浣衣，亦不染衣，亦不作衣，亦不教人作，以佛威神所致，同共安樂自然生。阿閦如來不為諸弟子說罪事，如我為諸弟子說十四句法，阿閦如來不為諸弟子說如是之法。所以者何？其剎無有行惡者。阿閦佛不復授諸弟子戒。所以者何？其佛剎人無有短命者，亦無蔽惡人，無有穢濁劫，亦無有諸結，無有穢濁見，其剎以除諸惡穢濁。」

佛復語舍利弗：「阿閦佛說法時，諸弟子便度於習欲。所以者何？已棄於惡道故，其剎衆弟子終無有貢高憍慢，不如此剎諸弟子於精舍行律，其剎弟子無有作是行者也。所以者何？舍利弗！用其人民善本具故，所說法悔過各得其所。其剎不說五逆之事，一切皆斷諸逆已。諸弟子不貪飲食，亦不貪衣鉢，亦不貪眾欲，亦不貪著也，為說善事。所以者何？用少欲知止足故。舍利弗！阿閦佛不復授諸弟子戒，如我於此授諸弟子戒。所以者何？其剎無有惡者，是諸弟子但以苦、空、非常、非身以是為戒，其剎亦無有受戒事。譬如是剎，正士於我法中剃除鬚髮，少欲而受我戒。所以者何？其阿閦佛剎諸弟子，得自在聚會，無有怨仇。舍利弗！阿閦佛剎諸弟子，不共作行，便獨行道，不樂共行，但行諸善。其剎無有過精進者，亦不可見懈怠者。舍利弗！是為阿閦如來佛剎出家諸弟子之德行。」

佛語舍利弗：「阿閦如來為諸弟子說法時，弟子不左右顧視，一心聽經。中有住聽經者，身不知罷極，中有坐聽經者，身亦不知罷極，意亦不念罷極也。阿閦如來於虛空中說法時，諸弟子悉聽之。是時得神足比丘、未得神足比丘承佛威神，皆於虛空中行而聽法。是諸弟子於虛空中，以三品作行。何等三？一者住，二者經⊙行，三者坐。中有坐般泥洹波藍坐居而般泥洹者。諸弟子皆般泥洹時，地即為大動，般泥洹已，諸天人民共供養之。中有阿羅漢，身中自出火，還燒身而般泥洹；中有阿羅漢般泥洹時，自以功德，行如疾風，中有譬如五色雲氣於空中行，便不復知處；中有弟子自以功德，便沒去，不復知處，般泥洹如是；中有般泥洹時，於虛空身中放水，其水不墮地，便滅不現。其剎如是清淨，令身滅不現；其剎如是清淨，令身滅不現而般泥洹；諸弟子般泥洹如是也。舍利弗！是為阿閦如來、無所著、等正覺昔行菩薩道時，所願而有持成無上正真道，諸弟子以是三品般泥洹。復次，舍利弗！阿閦如來佛剎諸弟子，無央數不可計諸弟子，少有不具足四解之事者，多有得四解事具足者；諸弟子少有不得四神足安隱行者，多有得四*神足安隱行者。舍利弗！是為阿閦如來佛剎諸弟子所成德行。」

賢者舍利弗白佛言：「阿閦如來、無所著、等正覺佛剎諸弟子所行，皆無極也。」

阿閦佛國經卷上

阿閦佛國經卷下

後漢月支國三藏支婁迦讖譯

諸菩薩學成品第四

爾時，賢者舍利弗心念言：「佛已說弟子所學成，願佛當復說諸菩薩所學成。所以者何？皆當學成，是諸菩薩所照光明。」

時，佛即知賢者舍利弗心所念，即告舍利弗：「其阿閦如來、無所著、等正覺佛剎有若干百菩薩、若干千菩薩、若干億菩薩、若干億百千菩薩大會如是。」

佛語舍利弗：「諸菩薩摩訶薩於阿閦佛所下鬚髮，皆承佛威神，悉受法語，諷誦持之。如我於是所說法，由為薄少耳，阿閦佛所說法，無央數不可復計，比我所說法，百倍千倍萬倍億萬倍不在計中。舍利弗！是為阿閦如來昔行菩薩道時所願：『我成無上正真道最正覺時，令我佛剎諸菩薩，我說法時，令諸菩薩皆承佛威神，悉受諷誦持之。』」

佛復語舍利弗：「爾時，諸菩薩摩訶薩皆承佛威神，受所說法諷誦持。是諸菩薩摩訶薩自生意念，欲從其剎至他方世界，俱至諸如來所，聽所說法，為諸佛世尊作禮諷誦之，復重問意解，為諸佛作禮諷誦已，重問意解已，便復還至阿閦如來所。」

佛語舍利弗：「是陂陀劫中當有千佛，甫始四佛過，菩薩摩訶薩欲見是諸佛者，當願生阿閦佛剎。若有善男子、善女人於是世界若他方世界，終亡往生阿閦佛剎者，甫當生者即當得住弟子、緣一覺地。所以者何？其有因緣見如來者及衆僧，為以斷弊魔羅網去，得近弟子、緣一覺及佛地，當得無上正真道最正覺。其人為以成如來，為以見諸菩薩摩訶薩之事。菩薩生阿閦佛剎者其行皆住清淨，為行諸法，為在諸法士，為以住於法，為佛道不可動轉，復當堅住阿惟越致。」

佛語舍利弗：「若善男子、善女人，於是世界若他方世界，終亡往其剎者等輩，得入諸佛住。其菩薩為得覺意，入無恐懼。覺意菩薩合會於智慧度無極，在所各同義，見世尊知所住，其佛剎諸菩薩摩訶薩在家者止高樓上，出家為道者不在舍止。」

佛告舍利弗：「阿閦佛說法時，諸菩薩摩訶薩承佛威神，皆受法語諷誦持之。其不出家菩薩摩訶薩，不面見佛所說時，在所坐處承佛威神，皆亦聞法語，聞已即受，諷誦持之。其出家菩薩摩訶薩身自面見佛說法時，及所行至坐處，亦承佛威神皆聞，聞已即受諷誦持。是菩薩摩訶薩終亡已後俱持法語，所至生諸佛剎續念之。舍利弗！是為阿閦佛之善快，所以者何？如昔所願，自然得之。」

佛語舍利弗：「若有一世菩薩摩訶薩欲見若干百佛、若干千佛、若干萬佛、若干億那術百千佛，當願生阿閦佛剎。菩薩已生阿閦佛剎者，便見若干百佛、若干千佛、若干億萬佛、若干億那術百千佛。當於其剎種諸德本，當為無央數百千人、無央數百千億人、無央數億那術百千人說法，亦當令種德本。」

佛言舍利弗：「若菩薩摩訶薩於是陂陀劫中，皆供養諸所佛、天中天，衣被、飯食、床臥具、病瘦醫藥供養，以便出家學道，悉於是諸佛、天中天下鬚髮為沙門。若復有菩薩摩訶薩，不*如於阿閦佛剎一世合會，行度無極得福多。」

佛言舍利弗：「是福德善本行具足，百倍千倍萬倍巨億萬倍不與等。舍利弗！是為阿閦佛剎之善快。」

佛語舍利弗：「若一世菩薩，於是世界、他方世界終亡，生阿閦佛剎者，甫當生者皆得阿惟越致。所以者何？其佛剎無有弊魔事在前立，弊魔亦不嬈人。」

佛言舍利弗：「譬如人呪力語呪毒呪蛇，除其毒便放捨，其力不可勝，救無央數人恐畏，其蛇亦不恐人，亦不嬈觸人，如是其人但以前世禪三昧行故，自以功德得滅於蛇毒。如是，舍利弗！阿閦佛昔求菩薩道時，行願德本如是，乃得佛道，消除於弊魔毒，不復嬈人。阿閦佛成無上正真道最正覺時，弊魔不能復來嬈，亦不能復嬈諸菩薩摩訶薩及凡人，一切皆不復嬈三千大千世界中人。如是，先坐三昧寂定，以自威神生和耶越致天。於彼以前世因緣行廣普，亦於和耶越致天，以因緣三昧，以自威神寂寞，以是比於彼說法。炎天聞之，聞已便得信歡喜，來供養諸弟子，炎天言：『乃作是無所著，知止足空閑處作行。』其剎諸魔教人出家學道，不復嬈人。舍利弗！是阿閦佛剎德之善快。夜初鼓時，先哀念人民，欲令度脫諸菩薩及學弟子并凡人安隱寂寞行。」

賢者舍利弗白佛言：「唯，天中天！若善男子、善女人以七寶滿三千大千世界，持用布施，得生阿閦佛剎者，其人不當惜也，便當布施。所以者何？其人不復墮弟子、緣一覺道。所以者何？其人即為立不退轉地，從一佛剎復至一佛剎，目常悉見諸佛，皆悉諷誦佛道行，當成無上正真道最正覺，常當見若干百佛、若干千佛、若干億那術百千佛，於彼積德本。」

舍利弗白佛言：「天中天！以是故，善男子、善女人以七寶滿三千大千世界布施，得生阿閦佛剎者，其人當歡喜與，便安隱至其佛剎。」

佛言：「如是，舍利弗！菩薩摩訶薩為安隱得生阿閦佛剎，譬如出金地，無有礫石，亦無草木，中有紫磨金，人便取其金，於火中試消合，以作諸物著之。

如是，舍利弗！阿閦佛刹諸菩薩摩訶薩清淨微妙，住清淨共會，是諸菩薩摩訶薩行也。其有生阿閦佛刹者，甫當生者皆一種類道行悉等。諸菩薩當成如來，其人以過諸弟子、緣一覺地，是謂為一類道，無有衆邪異道。菩薩欲得一類者，當願生阿閦佛刹。舍利弗！是菩薩摩訶薩為成阿惟越致，阿閦佛為受決，以我不欲遣菩薩摩訶薩至阿閦佛所。譬如，舍利弗！轉輪王遣使者至諸小王所，使持王寶物來。於是聞王遣使者令諸小王來，便愁憂涕泣，用王寶物故。夫人婇女及太子，聞以寶物故，皆畏王，便往至大王所，居城垣堅，止頓其中得安隱，不復恐見怨家、穀貴苦。如是，舍利弗！我不欲遣諸菩薩至阿閦佛所，譬如彼王以寶物故，令諸夫人婇女及太子同等愁憂視。求菩薩道人，當如大王城所有寶處太子，為無有恐難；觀*阿閦佛刹，當如大王。憋魔見求菩薩道者，如是不復嬈亂，譬如王邊臣難當。如是，舍利弗！魔及魔天官屬，不能當如來、無所著、等正覺。譬如孤寡恐懼之人畏對家，便往至城中即安，對家人無奈之何。所以者何？是人已離於對人，得安隱處故。如是，舍利弗！諸菩薩摩訶薩生阿閦佛刹者，為以斷魔及魔天之道，其三千大千世界憋魔及魔天不復嬈求菩薩道及弟子道人，及阿閦佛刹魔及魔天不復起魔事亦不復嬈。復次，舍利弗！若有菩薩往生阿閦佛刹者，甫當生者，其人不復為魔天之所嬈也。所以者何？阿閦佛昔行菩薩道，便作是願德本：『令我成無上正真道最正覺，使我佛刹諸魔及魔天，無有起魔事嬈亂者。』譬如人飲毒，復飲除毒藥，其飲食便消，其毒不行。以等願故，如是，舍利弗！阿閦佛昔時作是願德本，乃至其佛刹諸魔及魔天子，不復起事嬈亂，其佛刹所有德等乃如是。」

爾時，賢者舍利弗心念言：「願欲見其佛刹及阿閦佛并諸弟子等。」於是佛即知舍利弗心所念，即令如其像三昧正受神足行；承佛所致，賢者舍利弗於其座中見阿閦佛刹及弟子等。

爾時，佛告舍利弗言：「汝寧見阿閦佛及諸弟子并佛刹不？」

對曰：「唯然！見之！天中天！」

「云何？舍利弗！汝意所知，寧復有勝阿閦佛刹諸天及人不？」

舍利弗白佛言：「天中天！我不復知有城郭能勝者也！其剎諸天及人民，無有邪道，但有正道耳。極相娛樂。所以者何？我見其佛剎，皆以天物快飲食相娛樂；阿閦佛在中央，遍為諸弟子說法。譬如，天中天！人在大海中央，不見東方山樹木之際，亦不見南西北方樹木之際。如是，天中天！阿閦佛剎諸弟子，不可得東方涯，亦復不可得南西北方之涯，如是思惟，聞法身亦不動搖。天中天！於是思惟，定身便不動搖。阿閦佛剎諸弟子，聽法身不動搖坐定，如是聽法身亦不動搖。

「若善男子、善女人於是三千大千世界滿七寶持施與，布施已，得生阿閦佛剎者，當歡喜與，其人便得安隱生阿閦佛剎菩薩摩訶薩。所以者何？其人如是得為阿惟越致。譬如，天中天！有人持王書及糧食，以王印封書往至他國，其人行至他國縣邑，中道無有殺者，亦無有能嬈者，獨自往還無他。」

佛言：「如是也，舍利弗！菩薩摩訶薩生阿閦佛剎，甫當生者，於是世界、若他方世界終亡生阿閦佛剎者，皆得阿惟越致，便見無上正真道，從一佛剎復遊一佛剎，皆諷誦佛道事，常樂於佛、天中天，至成無上正真道最正覺。」

舍利弗白佛言：「天中天！是間須陀洹道菩薩摩訶薩生阿閦佛剎者，是適等耳。所以者何？須陀洹以斷截惡道，住於道迹，如是，天中天！若有菩薩摩訶薩生阿閦佛剎者，甫當生者，是人皆現斷惡道，不復在弟子、緣一覺地。從一佛剎復遊一佛剎，當樂於佛、天中天及弟子，至成無上正真道最正覺也。」

佛言：「如是，舍利弗！若有菩薩摩訶薩，於是世界、若他方世界終亡生阿閦佛剎者，為以現過弟子、緣一覺地，從一佛剎復遊一佛剎，皆諷誦諸佛道事，皆面見諸如來，至成無上正真之道最正覺。譬如，舍利弗！須陀洹度脫異道惡法，得道無有異。如是，舍利弗！若有菩薩摩訶薩，於是世界、若他方世界終亡，往生阿閦佛剎者，甫當生者，其皆不復離無上正真道，從一佛剎復遊一佛剎，皆諷誦諸佛道事，常樂於佛、天中天無上正真道，至成無上正真道最正覺。」

賢者舍利弗白佛言：「天中天！是間斯陀含住往來地，菩薩摩訶薩生阿閦佛剎者，是這等耳。天中天！是間阿那含住不復還地，菩薩摩訶薩生阿閦佛剎者，是這等耳。天中天！是間阿羅漢住無所著地，菩薩摩訶薩生阿閦佛剎者，是這等耳。」

佛告賢者舍利弗言：「莫得說是語。所以者何？是間菩薩摩訶薩受無上正真道決，菩薩生阿閦佛剎者，是這等耳。復次，舍利弗！是間菩薩摩訶薩坐於佛樹下，菩薩生阿閦佛剎者，是這等耳。所以者何？舍利弗！菩薩摩訶薩為現如來，弊魔不復能動搖，過弟子、緣一覺地，從一佛剎復遊一佛剎，常皆隨諸佛之教令，至成無上正真道最正覺。」

爾時，阿難心念言：「我欲試須菩提知報我何等言。」賢者阿難問賢者須菩提言：「唯，須菩提！為見阿閦佛及諸弟子等，并其佛剎不？」

須菩提謂阿難言：「汝上向視。」

阿難答言：「仁者須菩提！我已上向視，上皆是虛空。」

須菩提謂阿難言：「如仁者上向見空，觀阿閦佛及諸弟子等并其佛剎，當如是。」

爾時，賢者舍利弗問言：「如屬天中天所說，是間菩薩摩訶薩受決，菩薩生阿閦佛剎者，是這等耳。天中天！以何故等而等？」

佛告舍利弗言：「用法等故而等。」

阿閦佛國經佛般泥洹品第五

爾時，賢者舍利弗心念言：「佛已說阿閦佛昔者行菩薩道時德號，復說佛剎之善快，亦復說諸弟子及諸菩薩所學成願。佛當復說阿閦佛摩訶般泥洹時，有何感應？天中天！」

於是佛即知舍利弗心所念，便告舍利弗言：「阿閦佛摩訶般泥洹，是日一切三千大千世界諸郡國，變化作化人而說法。所可說者，如前所說法。時，人民復行阿羅漢道，不復上下，便令住阿羅漢道。阿閦佛般泥洹時有菩薩摩訶薩名眾香手，當授是眾香手菩薩決，號曰羞洹那洹波頭摩（漢言金色蓮華）如來、無所著、等正覺。復次，舍利弗！其金色蓮華佛之刹所有善快，亦當如阿閦佛刹之善快所有安諦；金色蓮華佛所有眾弟子，亦當如阿閦佛。復次，舍利弗！阿閦佛摩訶般泥洹時，當大動搖，皆悉遍三千大千世界，聲上聞阿漸貨羅天，乃復至聞阿迦尼吒天，阿閦佛般泥洹時當有是瑞應。

「復次，舍利弗！阿閦佛刹諸好藥樹木，皆曲向阿閦佛般泥洹所作禮。阿閦佛摩訶般泥洹時，諸天及人民持華香、雜香、擣香，供養散其身上。供養已，其諸天人民華香、雜香、擣香及餘寶，上至虛空四十里，成圓華蓋。阿閦佛摩訶般泥洹時，其三千大千世界諸天、龍、鬼神、揵陀羅、阿須倫、迦留羅、真陀羅、摩休勒皆向阿閦佛摩訶般泥洹時，是人民及諸天，以佛威神所致，悉見阿閦佛摩訶般泥洹時。

「復次，舍利弗！阿閦佛摩訶般泥洹時，諸天及人民晝夜常愁憂言：『阿閦佛般泥洹大疾，為已亡人民娛樂，不復得樂所欲。』意愁憂言：『阿閦佛般泥洹大疾，亡失人民安隱。』意愁憂言：『亡天下眼。』」

佛語舍利弗：「若有菩薩摩訶薩於是世界、若他方世界終亡，生阿閦佛剎者，甫當生者，其人皆為以受決，從一方復至一方，共等輩遊行，若千百千等輩共遊行。菩薩摩訶薩當見若千百千如來，當見無數佛，當見無數薩芸若。若有菩薩摩訶薩，於是世界、若他方世界終亡，生阿閦佛剎者，甫當生者，其人亦與衆等俱遊行，以佛威神所致薩芸若故，為阿惟越致。菩薩摩訶薩聞是阿閦佛德號法經，皆為離魔羅網。

「復次，舍利弗！阿閦佛摩訶般泥洹時，至法行在者，諸菩薩摩訶薩生阿閦佛剎者，亦當與等輩遊行，求索阿閦佛昔時願，然後當生阿閦佛剎，菩薩摩訶薩便當諷誦八百門，諷誦已，皆當諷誦諸法，便有上微妙阿閦佛剎。諸菩薩摩訶薩得念行住八百門：我當生阿閦佛剎，亦當諷誦八百門，諷誦已，皆當復諷誦諸法見上妙句，如是諦受之。菩薩摩訶薩，阿閦佛現在及般泥洹時，說法等無異，佛剎等如來所示現，從阿惟越致，至成無上正真道最正覺。

「復次，舍利弗！阿閦佛身中自出火，還燒身已便作金色，即碎若芥子，不復還復，訖已便自然生；譬如，舍利弗！有樹名坻彌羅，若髮段段斷已不復見，自然生。如是，舍利弗！阿閦佛摩訶般泥洹時，身破碎不復見，還自然生。

「復次，舍利弗！阿閦佛摩訶般泥洹時，其身骨坐處，見自然，譬如有山碎破，其山不復見，自然還其處。如是，舍利弗！阿閦佛摩訶般泥洹時，其骨自破碎，其身骨不復見，還自然。時，一切三千大千世界人民皆供養其身，以七寶作塔。其三千大千世界，當以七寶塔及葉金色蓮華而莊嚴。

「復次，舍利弗！阿閦佛剎諸菩薩摩訶薩當作禮，有瑞應乃如是，自然諸寶於其處在前住，其有菩薩摩訶薩往生阿閦佛剎者，甫當生者，當見佛，意無亂。命過時，一切諸天人當供養其身，諸天及人民願發起是供養其身。菩薩摩訶薩自以功德，稍於虛空疾行，都不復知其處。譬如，舍利弗！持草木著火中熏烟而行，其烟上於虛空中，亦於虛空中而行，亦於虛空中都滅，不知所至處，其佛剎諸菩薩摩訶薩法身如是。

「復次，舍利弗！阿閦佛剎菩薩摩訶薩壽命盡臨壽終時，見餘菩薩摩訶薩他方世界坐佛樹下時，是諸菩薩摩訶薩臨壽終時瑞應。復見餘菩薩入母腹中時，亦復見餘菩薩摩訶薩從母右脇生出時，行七步時，見在婇女中相娛樂時，見餘菩薩摩訶薩出家學道時，見餘菩薩坐佛樹下降伏魔，得薩芸若慧時，見他方世界諸佛、天中天轉法輪時。」

佛言舍利弗：「阿閦佛刹菩薩臨壽終時，以是比有自然瑞應。復次，舍利弗！阿閦佛摩訶般泥洹時，佛所說法，當住至若干百千劫。」

賢者舍利弗問佛言：「天中天！以何等數佛所說法，住至百千劫？」

佛告舍利弗言：「二十小劫為一劫，是為數佛所說法住百千劫。復次，舍利弗！其法滅盡時，一切三千大千世界當大照明，其地當大動，其法不是憋魔及魔天之所滅，亦不是天中天弟子所滅，諸比丘稍樂寂往還是，稍寂共往還已，俱行不復大聽聞法；不聽聞已，亦不大承用，復不得大精進；法師比丘於法教亦寂，說法少，以是故法稍滅盡，稍稍不見。」

爾時，賢者舍利弗問佛言：「云何？天中天！菩薩摩訶薩用何等德行故，得生阿閦佛剎？」

佛告舍利弗：「是菩薩摩訶薩當學阿閦佛昔求菩薩道時行，當發如是意願：『令我生阿閦佛剎。』菩薩摩訶薩用是行故，得生彼佛剎。

「復次，舍利弗！菩薩行布施度無極，積累德本，持願無上正真道，得在阿閦佛邊，菩薩摩訶薩用是行故，得生彼佛剎。菩薩行*戒度無極，持願無上正真道，得在阿閦佛邊；菩薩摩訶薩用是行故，得生彼佛剎。菩薩行忍辱度無極，持願無上正真道，得在阿閦佛邊；菩薩摩訶薩用是行故，得生彼佛剎。菩薩行精進度無極，持願無上正真道，得在阿閦佛邊；菩薩摩訶薩用是行故，得生阿閦佛剎。菩薩行一心度無極，持願無上正真道，得在阿閦佛邊；菩薩摩訶薩用是行故，得生彼佛剎。菩薩行智慧度無極，持願無上正真道，得在阿閦佛邊；菩薩摩訶薩用是故，得生彼佛剎。

「復次，舍利弗！*阿閦佛光明皆炎照三千大千世界，『我當願見是，見已，令我成無上正真道最正覺，當復自炎照其佛剎。』菩薩摩訶薩用是行故，得生阿閦佛剎。『我當見阿閦佛剎無央數不可計諸弟子，見已，我亦當作如是行，令我成無上正真道最正覺時，使有無央數諸弟子。』菩薩摩訶薩用是行故，得生阿閦佛剎。阿閦佛剎有若干百菩薩、若干千菩薩、若干百千菩薩，『我當見是諸尊菩薩寂寞觀行，我當學之，當於處處曉了知之；我當與同學，等無差特，當與是一等類俱在一處。欲具大慈大悲用佛故，沙門義故，無辟支佛義，無有弟子之行，無有弟子意，無有緣一覺意，諦住於空，無有惡道法。於諸佛名等，諸如來名等，薩芸若名等，於諸法名等，於衆僧名等，常念諸名等，如諸菩薩摩訶薩。』若有善男子、善女人聞名得生阿閦佛剎，何況合會諸度無極善本，持願阿閦佛剎！合會衆善本已，便成無上正真道最正覺，何況合會諸度無極衆善本，便得生阿閦佛剎！菩薩摩訶薩用是行故，得生阿閦佛剎。

「復次，舍利弗！菩薩摩訶薩欲生阿閦佛剎者，當念東方不可計諸佛、天中天善法品等因緣：『諸佛、天中天所可說法，念其無有等者，令我成無上正真道最正覺。』當復說法如是：『如諸佛、天中天，念其衆弟子因緣等，我何時成無上正真道最正覺，亦當有無央數、不可計諸弟子衆。』舍利弗！若有善男子、善女人當念三事，當曉了念是三大事。若善男子、善女人以念是三大事合會德本，為一切衆生作迹念持願，作無上正真道，用一切衆生故，願三事。善男子、善女人，菩薩摩訶薩願無上正真道，不可限一切衆生。若有人來，以器欲限取虛空，來已，謂言：『善男子持善本，與我共分之。』」

佛言舍利弗：「若使善本有色者，一切衆生便可以器滿限取虛空，不可竟是善本以器取。如是，舍利弗！願善本於無上正真道，是亦不可以器取；如是謂為薩芸若善本。若有念三事善本，便轉得三寶。若有菩薩摩訶薩念是三事善本願，皆見善法。菩薩行三事善本願，降伏衆魔及官屬，所向欲念生何佛剎，即得生其佛剎。南方西方北方上方下方亦如是，四維亦如是。若有菩薩摩訶薩念是三事善本積累，以持作勸助，勸助已持，願向阿閦佛剎，其人即得生其佛剎。」

佛告舍利弗：「若干百佛剎、若干千佛剎、若干百千佛剎，如是佛剎之善快，諸佛剎之善快空耳，阿閦佛剎亦如是。『我當見其佛剎之善快，見是以，我亦當取如是比佛剎之善快，當勸助若干百菩薩、若干千菩薩、若干百千菩薩為現正，令歡喜踊躍，上及阿閦世尊等。』菩薩摩訶薩用是行故，得生阿閦佛剎。若有菩薩摩訶薩專發是意向阿閦佛，若使不行者如是為欺。專發是意便得生阿閦佛剎。譬如有城中無市、無有園浴池及萬物，亦無有象馬，亦無有往來中者，云何？舍利弗！其城寧有疆王在其中止不？是城德為最下，如是為快不？疆王在大城，其城有善德萬物，如是城為最上也。如是，舍利弗！於是我三千大千世界佛剎力之善快，如我佛剎為下耳，是不為上好也，是間我佛剎所有之善快。如是，舍利弗！若菩薩欲淨其佛剎之善快者，欲取者，當如是清淨取之。如阿閦佛昔行菩薩道時，所取清淨佛剎之善快。

「復次，舍利弗！於是成無上正真道最正覺，令人民在須陀洹道、斯陀含、阿那含、阿羅漢道，復教令在辟支佛道。我所教授諸弟子，及餘弟子皆共合會，當令在阿閦佛剎諸弟子衆邊，百倍、千倍、萬倍、億百千倍、巨億萬倍不與等，但說解脫者無有異。我諸弟子及彌勒佛所有諸弟子及復餘弟子，皆復共合會，當令在阿閦佛剎諸弟子衆邊，是亦百倍、千倍、萬倍、億萬倍不與等。所以者何？阿閦佛一一說法時，人民得道者不可復計。」

佛言：「舍利弗！置我諸弟子，復置彌勒佛諸弟子，於陂陀劫中諸佛、天中天所有諸弟子，及餘得道弟子，復共合會，當令在阿閦佛剎諸弟子衆邊，百倍、千倍、萬倍、億萬倍、巨億萬倍不與等，但說解脫者無異人。」

爾時，賢者舍利弗白佛言：「如天中天所說，如我所知，當觀其佛剎為阿羅漢剎，不為凡夫之剎也。所以者何？彼阿羅漢甚衆多。」

佛言：「如是，舍利弗！彼剎阿羅漢生死已盡者甚衆多。三千大千世界中所有星宿不可計亦不可知多少，阿閦佛一一說法時，得阿羅漢者不可計。如是，舍利弗！一一聚會時，不可計無央數人得*阿羅漢道，三千大千世界中星宿可知數。阿閦佛剎是諸天人民，以天眼見光明，用積累德本。阿閦佛剎三千大千世界，是諸人民善男子、善女人晝夜往至阿閦佛所，若有聞是德號法經，聞已即受持諷誦者，舍利弗！是善男子、善女人前世為皆已聞見阿閦佛昔求菩薩道時。所以者何？若有聞是德號法經，即有信者，是阿閦佛德號法經，十方等世界佛刹求菩薩道，及求弟子道之人，悉受諷誦持說之。他方佛刹諸阿惟越致菩薩摩訶薩住及餘菩薩，亦說阿閦佛所結願，及生阿閦佛刹者，甫當生者，東方亦如是，南方西方北方上方下方等十方亦如是。一切諸佛刹求菩薩道人，皆受是德號法經，諷誦持說之。阿惟越致菩薩摩訶薩住，復有成無上正真道最正覺，及餘菩薩亦如是說阿閦佛所結願，及生其佛刹者，甫當生者。如是，舍利弗！阿閦佛阿比羅提世界住，炎照十方等諸求菩薩道之人，若有善男子、善女人諷誦阿閦佛德號法經，聞已即持諷誦，願生阿閦佛刹者，臨壽終時，阿閦佛即念其人。所以者何？儻憋魔得其便即轉所願，如來故念之，其善男子、善女人不復轉會，當得所願及無上正真道，若有他異因緣無能嬈害者，如是火刀毒水是亦不行，若復有撾捶者是亦不向，亦不畏人非人，其人如是等見護，便生阿閦佛刹。」

佛言：「譬如，舍利弗！日宮殿遠住，遙炎照天下人；如是阿閦佛遠住，炎照他方世界諸住菩薩摩訶薩。譬如得天眼比丘遠住，遙見色之光；如是，舍利弗！阿閦佛遠住，遙見他方世界諸住菩薩摩訶薩，見其顏色形類。譬如神通比丘遠住，知他人意所念；如是，舍利弗！阿閦佛遠住，遙知他方世界諸住菩薩摩訶薩意。譬如神通比丘遠住，遙以天耳聞聲；如是，舍利弗！阿閦佛遠住，遙聞他方世界諸菩薩摩訶薩語，及生其剎者，是善男子、善女人，阿閦佛知其名字及種姓。若有受是德號法經諷誦持者，舍利弗！是人為見阿閦佛，當知是人臨壽終時，阿閦佛即為其人。」

賢者舍利弗白佛言：「難及，天中天！諸佛世尊諦囑累諸菩薩摩訶薩。」佛言：「如是，舍利弗！諸佛、天中天諦囑累諸菩薩摩訶薩。所以者何？菩薩諦受囑累者，便為諦受一切衆生已。譬如轉輪王，若有第一、第二、第三、第四、第五、第十、第二十不可計諸倉，中有稻米、大麥、小麥及種種穀。穀貴時便出，令穀賤。如是，舍利弗！菩薩如來記竟，菩薩摩訶薩未成最正覺時，譬如穀貴；已成無上正真道最正覺，便安隱說法，如穀賤。是故諸佛、天中天諦囑累諸菩薩摩訶薩。」

佛言：「舍利弗！若有菩薩摩訶薩聞是阿閦佛德號法經，聞已即受諷誦持，雖不願生阿閦佛刹者，當知是菩薩摩訶薩為比阿惟越致。若有菩薩摩訶薩受是阿閦佛德號法經，持已受諷誦，為若干百人、若干億百千那術人解說之，當令若干億那術百千人積累德本；是人如所積德本，其菩薩是德本不可計，是菩薩摩訶薩德本眾多已，便坐無上正真道。」

佛言：「舍利弗！若有菩薩摩訶薩欲疾成無上正真道最正覺者，當受是德號法經，當持諷誦，受持諷誦已，為若干百、若干千、若干百千人解說之，便念如所說事，即得大智慧，其罪即畢。以得是大智慧，其罪畢已，其人自以功德便盡生死之道。」

佛告舍利弗：「若有善男子、善女人求弟子道者，聞是阿閦佛德號法經，便當受持、當諷誦。受持諷誦已，為若干百人、若干千人、若干百千人解之。若有善男子、善女人受是法經，自以功德即自取阿羅漢證。」

佛言：「舍利弗！若有善男子、善女人專持說是德號法經，是人如是便捨等正覺，自以功德取阿羅漢證。」

佛語舍利弗：「是阿閦佛德號法經，終不至癡人手中，當至黠人手中。」

佛言：「舍利弗！是善男子、善女人是德號法經至其手中者，為見如來已。譬如，舍利弗！種種諸寶其價甚重，從大海採來者。云何？舍利弗！從大海採種種寶，當先至誰手中？」

舍利弗言：「天中天！當先至國王，若太子左右手中。」

佛言：「如是，舍利弗！是阿閦佛德號法經，當先至菩薩手中及阿惟越致。復次，舍利弗！菩薩摩訶薩聞是阿閦佛德號法經，便受持諷誦，諷誦已，即當專成無上正真道最正覺。」

賢者舍利弗白佛言：「是阿閦佛德號法經，薄德之人終不得聞受持諷誦。所以者何？天中天！不能得阿惟越致故。」

佛告賢者舍利弗：「審如是，若有善男子、善女人持金銀滿是天下，以布施願言：『我持是使聞阿閦佛德號法經。』薄德之人終不得聞是經，亦不得受持諷誦。菩薩摩訶薩聞阿閦佛德號法經者，為成阿惟越致行。聞已受持諷誦，是故專得無上正真道行。」

佛語舍利弗：「一生補處、三生補處等正覺，求弟子道人所不能及。若有聞阿閦佛德號法經，受持諷誦，為若干百人、若干千人、若干百千人說之。譬如，舍利弗！轉輪王以福德自然生七寶。如是，舍利弗！阿閦佛昔願所致，我為說是德號法經；若有菩薩摩訶薩說是德號法經，若復有菩薩摩訶薩聞是經，甫當聞者，亦福德所致。」

佛語舍利弗：「阿閦佛德號法經，於是陂陀劫中所有諸佛、天中天皆當說是經，如是令無缺減安諦，亦如我所說。若有菩薩摩訶薩欲疾成無上正真道最正覺者，當受是阿閦佛德號法經，當持諷誦說之，當令廣普。若是德號法經在郡國縣邑，有善男子、善女人受持諷誦，其菩薩摩訶薩有是經，為護郡國縣邑，其有受是德號法經，當持諷誦，復出家學道離罪。菩薩摩訶薩當令居家學道者知之。所以者何？善男子、善女人黨不能究竟是德號法經。」

佛語舍利弗：「若遠郡國縣邑有行是經，菩薩摩訶薩當往至彼，當受是經，諷誦持說。善男子、善女人雖不諷誦，但有是經卷，當說供養之；若不得經卷者，便當寫之；若使其人不與是經卷持歸寫者，菩薩便就其家寫之；若使善男子、善女人言自餓寫者，自餓寫之；若言經行寫，當經行寫之；若言住寫，當住寫之；若言坐寫，當坐寫之。」

阿閦佛國經卷下

大寶積經

不動如來會

大寶積經卷第十九

大唐三藏菩提流志奉　詔譯

不動如來會第六之一　授記莊嚴品第一

如是我聞：一時，佛在王舍城耆闍崛山與大比丘衆千二百五十人俱，皆是阿羅漢衆所知識，諸漏已盡無復煩惱，心慧解脫，自在無礙猶如大龍，所作已辦，捨於重擔，逮得己利，盡諸有結，正教通達到於彼岸；唯有阿難住於學地。

爾時，尊者舍利弗從座而起，偏袒右肩，右膝著地，合掌向佛，白言：「世尊！云何往昔諸菩薩摩訶薩發趣阿耨多羅三藐三菩提，修行遍清淨行，被精進甲功德莊嚴，是諸菩薩由被甲故，於阿耨多羅三藐三菩提得不退轉？世尊！如是行願及以發心，惟尊大慈，開示演說。世尊！彼諸菩薩摩訶薩為利益安樂天人世間，精勤修習遍清淨行，被精進甲，由是利益安樂一切衆生及為現在、未來菩薩，當作佛法光明，讚揚功德證獲善根故，使諸菩薩聞此法已，於真如法性精勤修學，*當得阿耨多羅三藐三菩提。」

佛言：「善哉！善哉！舍利弗！汝能問過去、未來菩薩摩訶薩淨行光明廣大甲冑，闡揚功德，為攝受未來菩薩摩訶薩故。諦聽！諦聽！如理思惟，當為汝說。」

舍利弗言：「唯然！世尊！願樂欲聞。」

佛告舍利弗：「從是東方過千世界，彼有佛剎名曰妙喜，昔廣目如來、應、正等覺出現於彼，與諸菩薩摩訶薩說微妙法，從六波羅蜜為首。

「舍利弗！彼時，有一比丘從座而起，偏袒右肩，右膝著地向佛合掌，白言：『世尊！如佛所說，菩薩法教志願修行。』佛言：『善男子！汝今當知菩薩教法難可修習。何以故？菩薩於諸衆生不生瞋害心故。』

「時，彼比丘白佛言：

世尊！我從今日發阿耨多羅三藐三菩提心，以無諂無誑實語、不異語，求一切智智，乃至未得無上菩提，若於衆生起瞋害心者，則為違背無量無數無邊世界中現在說法諸佛如來。

世尊！我今發此一切智心如是迴向，於其中間若發聲聞、獨覺心者，則為欺誑一切諸佛。

世尊！我今發此一切智心如是迴向，乃至未得無上菩提，若於衆生起愛欲瞋癡之心，或與惛沈、貢高、惡作相應，則為欺誑一切諸佛。

世尊！我今發此一切智心安住迴向，乃至未得無上菩提，若生疑惑心，如是或起殺害、不與取心，或起邪見及非梵行，妄語、兩舌、麁語相應，或與損害相應，則為欺誑一切諸佛。

「舍利弗！時，有異比丘作如是念：『此菩薩摩訶薩由初發心被精進甲，於一切衆生不為瞋等之所搖動。』舍利弗！時，彼菩薩因此念故，妙喜國中號為不動。時，廣目如來、應、正等覺見彼菩薩得不動名，隨喜讚善；四大天王、釋、梵世主，聞彼名已，亦皆隨喜。

「舍利弗！彼不動菩薩摩訶薩，於彼佛前作如是言：

世尊！我今發此一切智心，如是迴向阿耨多羅三藐三菩提，乃至未證無上正覺，所修行業或違此言者，則為欺誑無量無數世界諸佛如來安住說法者。

世尊！我今發此大心如是迴向，乃至未證菩提，若於一一語言，不與念佛及一切智相應，則為欺誑一切諸佛。

世尊！我今如是發心迴向，乃至未證無上菩提，生生在家不出家者，則為違背一切諸佛。

世尊！我今發此一切智心，乃至未得無上菩提，生生出家，若不乞食、不一坐食、不節減食、再食不食、不持三衣、不著糞掃衣、不隨所而坐、不常坐、不住阿蘭若、不安止樹下、不露坐、不住塚間，則為欺誑一切諸佛。

世尊！我今發此大菩提心如是迴向，乃至未得一切智智，若不成就無礙辯才說諸妙法，則為欺誑無數諸佛。

世尊！我今如是發心，乃至未得無上菩提，若不住三威儀，或立或坐，或復經行，則為欺誑無量諸佛。

世尊！我今發如上心，乃至未得一切智智，或於眾生犯根本罪，或作妄語及餘世俗憒鬧之言，或起摧伏他論相應之心，則為欺誑無數諸佛。

世尊！我今發此一切智心，安住迴向阿耨多羅三藐三菩提，或與婦人說法，若不起無常、苦、空、無我之相，而取彼相及露齒而笑，則為欺誑一切諸佛。

世尊！若我發此一切智心，安住迴向阿耨多羅三藐三菩提，於說法時顧指輕躁，或見餘菩薩不生大師之想，則為欺誑無數諸佛。

世尊！我今發此一切智心，乃至阿耨多羅三藐三菩提，若坐聽法及禮外道沙門、婆羅門，唯除諸佛沙門弟子，則為欺誑一切諸佛。

世尊！我今發此大心至無上覺，若行財法施時，情有彼此，應供養所生簡異心，則為欺誑一切諸佛。

世尊！我今發一切智心，乃至無上菩提，若見諸罪人將被刑罰，不捨身命而救護彼，則為欺誑一切諸佛。

「舍利弗！時，彼菩薩修此大行，乃至未證無上菩提，無一眾生將被刑罰不救護者。

「舍利弗！爾時，有一比丘作如是念：『如來於此行者當為作證，彼天、人、阿修羅等亦為證見。』

「舍利弗！時，廣目如來、應、正等覺知彼比丘心之所念，告言：『如是！如是！如來、應、正等覺之所證見，彼諸世間天、人、阿修羅等亦為證見。比丘！若復有菩薩摩訶薩被如是等大精進甲，趣向阿耨多羅三藐三菩提，彼皆當成無上正覺。』

「舍利弗！時，不動菩薩摩訶薩白佛言：

世尊！我今發此一切智心，乃至未證無上菩提，於其中間，若比丘、比丘尼、優婆塞、優婆夷有諸罪釁，若說其所犯，則為違背諸佛如來。世尊！我修是行願成無上正等菩提，使我剎中廣大清淨，諸聲聞眾悉無過失。

世尊！若我發此一切智心，若未證得無上菩提，乃至夢中若生欲想而有所泄，則為違背諸佛如來。世尊！我修是行證無上覺，使彼國中出家菩薩，彼於夢間亦無漏泄。

世尊！若我發此一切智心，乃至證得無上菩提，我佛剎中若諸女人，有女過失如餘土者，終不取正覺；若取正覺，則為欺誑一切諸佛。

「舍利弗！若菩薩以此大願種子成就者，念隨出生如是諸法，能為眾生說種種教。

「舍利弗！時，有比丘白不動菩薩言：『大士！若此誠心不退至言無妄者，願以足指搖動大地。』時，不動菩薩以佛威神及本願善根力故，令彼大地六種搖動，所謂動、大動、遍動、搖、大搖、遍搖。

「舍利弗！彼不動菩薩摩訶薩如昔所願，今已成辦，是故菩薩摩訶薩欲證阿耨多羅三藐三菩提者，應學不動菩薩摩訶薩，若有菩薩善修其行，當獲如彼佛剎及能速證阿耨多羅三藐三菩提。」

爾時，舍利弗白佛言：「世尊！不動菩薩初發心時，幾何天子而來集會？」

佛告舍利弗：「彼時三千大千世界，所有四大天王及與帝釋、魔王、娑婆世界主、梵天王等，皆歡喜合掌作如是言：『今此所聞被功德甲，我等昔未曾聞。世尊！彼不動菩薩當成佛時，於彼剎中所有衆生，不以下劣善根而得成就。』」

舍利弗白佛言：「世尊！如佛所說不動菩薩被甲功德，諸餘菩薩所未曾有。」

佛告舍利弗：「如是！如是！諸餘菩薩被大甲冑發趣無上菩提，無有如不動菩薩摩訶薩者。舍利弗！彼不動菩薩成就功德，於賢劫中一切菩薩皆悉無有。

「舍利弗！爾時，廣目如來授不動菩薩摩訶薩阿耨多羅三藐三菩提記言：『善男子！汝於來世當得作佛，號曰：不動如來、應、正等覺、明行圓滿、善逝、世間解、無上丈夫、調御士、天人師、佛、世尊，如然燈佛與我授記。』

「舍利弗！不動菩薩得授記時，有大光明普照世界，是時大地六種震動，如我往昔證一切智時，此大千界六*種震動。

「復次，舍利弗！彼時三千大千世界所有卉木叢林，皆向菩薩傾靡，亦如我昔證菩提時，一切草木傾向於我。

「復次，舍利弗！不動菩薩蒙佛記時，彼大千界所有天、龍、夜叉、阿修羅、迦樓羅、緊那羅、摩睺羅伽，皆悉合掌頂禮菩薩，如我於此證大菩提，娑婆世界所有天、龍等，皆悉合掌頂禮於我。

「復次，舍利弗！彼不動菩薩摩訶薩得授記時，彼世界中所有女人懷孕，皆得安和分釋，無諸苦難，盲者得視，聾者能聞，如我成佛時等無有異。

「復次，舍利弗！彼不動菩薩摩訶薩，發趣阿耨多羅三藐三菩提及廣目如來、應、正等覺授菩提記，於彼二時，一切衆生無橫死者，亦如我證一切智時無有異也。

「復次，舍利弗！彼不動菩薩得授記時，有悅意香普熏世界，亦如我昔證大菩提，妙香遍聞適意無意。」

爾時，舍利弗白佛言：「世尊！彼不動菩薩摩訶薩，成就如是廣大功德。」

佛告舍利弗言：「彼不動菩薩蒙佛授記，非唯有此功德，又能到無邊功德彼岸。復次，舍利弗！彼不動菩薩由廣目如來與授佛記，彼時天人、世間、阿修羅等，心皆悅慶，柔順調善，亦如我證無上菩提，諸天、人等皆同歡喜。

「復次，舍利弗！彼不動菩薩獲授記時，有大夜叉手持金剛侍衛菩薩，如我無異。

「復次，舍利弗！不動菩薩蒙佛記時，諸天及人散諸名花、塗香、末香於菩薩上，亦如我證大菩提時散諸香華。

「復次，舍利弗！彼不動菩薩得授記時，有諸天人各二十億，皆發阿耨多羅三藐三菩提心，得廣目如來授佛菩提記。

「復次，舍利弗！彼不動菩薩蒙佛記時，優鉢羅花、波頭摩華、紛陀利華遍滿大地，亦如我道場諸華遍覆。

「復次，舍利弗！彼不動菩薩得授記時，有無量諸天在虛空中，散諸天衣覆菩薩上，咸作是言：『願此菩薩速證無上正等菩提。』亦如我昔得一切智，諸天散衣無有異也。

「復次，舍利弗！彼世間天、人、阿修羅等，見不動菩薩得授阿耨多羅三藐三菩提記，皆大歡喜，甚於世間父母生子，猶如我證一切智時，諸天、人等皆大歡悅。

「復次，舍利弗！彼三千大千世界所有天、人，以佛神力皆聞不動菩薩授菩提記，各施種種上服名衣、珍奇美膳，譬如比丘加提月滿，一切諸人悉皆供養。

「舍利弗！彼不動菩薩得授記時，欲界眾生持諸上味，並奏天樂而以供養。舍利佛！彼不動菩薩摩訶薩得授記已，有如是等功德成就。」

時，尊者舍利弗白佛言：「世尊！如來、應、正等覺甚為希有，善說諸佛境界不可思議；如是禪定境界及諸龍境界不可思議，諸業果報不可思議。世尊！彼不動菩薩住初發心，攝受如是殊勝功德，得如來記，又成此等不可思議諸大功德。」

佛告舍利弗：「如是！如是！如汝所說。」

爾時，尊者阿難白舍利弗言：「大德！彼初發心菩薩被精進甲冑，世尊略說少分功德，猶故未盡。」

舍利弗言：「如是！如是！如來略說。何以故？彼菩薩住初發心被精進甲，成就不可思議無量功德。」

時，舍利弗復白佛言：「世尊！今已略讚不動菩薩被甲精進殊勝功德，唯願世尊為攝受現在、未來諸菩薩故，廣為宣說。」

佛告舍利弗：「不動菩薩住初發心被精進甲，如是功德不可思議，吾今為汝說其少分，諦聽！諦聽！善思念之。」

舍利弗言：「唯然！世尊！願樂欲聞。」

佛言：「彼不動菩薩發如是願：『假使虛空而有變異，我之弘誓終無退轉。』由此願故，不動菩薩所有功德皆速成就。

「舍利弗！我不見有於賢劫中諸菩薩輩被精進甲如不動菩薩者。舍利弗！寶幢菩薩所修之行，比於不動菩薩，於少分中乃至歌羅分，亦不及一。舍利弗！不動菩薩所被精進甲冑，無量千菩薩悉無與等。舍利弗！不動菩薩摩訶薩以此堅固誓願，證得阿耨多羅三藐三菩提，今現住於妙喜世界，號為不動如來、應、正等覺。

「復次，舍利弗！彼不動如來往昔行菩薩行時，諸有乞求頭目、髓腦、手足、支節，不逆其意，悉皆施與。舍利弗！彼不動如來從初發心，乃至未證無上菩提，由此因緣，無風黃痰及頭痛等和合諸病。

「舍利弗！彼不動如來往昔行菩薩道時，得如是等未曾有法。舍利弗！彼由往昔於生生處供養奉事諸佛如來，於彼佛所常修梵行，由是因緣生生之處，還復本名號為不動，從一佛剎至一佛剎，生有佛世常見如來。

「舍利弗！譬如剎利灌頂大王於世間中得勝自在，從一宮殿至一宮殿，足不履地受五欲樂；彼不動菩薩往昔行菩薩行時，生生之處常修梵行供養諸佛，隨所說法，示教利喜，皆與波羅蜜相應，少與聲聞地相應，能令諸菩薩趣入安住阿耨多羅三藐三菩提；由此發心於無上菩提故，獲此廣大功德利益。又以法施善根迴向菩提，發如是願：『願我成佛於彼剎中，一切菩薩以佛威力，聞我說法，受持讀誦及能歷事諸佛如來；從一佛剎至一佛剎，乃至未證無上菩提，常不遠離諸佛世尊，譬如於我，唯除至兜率天宮補處之位。』何以故？諸菩薩摩訶薩法爾如是，若從兜率天*中降神母胎，右脇生時，大地震動。

「舍利弗！最後身菩薩摩訶薩有如是瑞相。舍利弗！譬如比丘具諸神足，入宮殿內猶處虛空，住諸威儀皆無障礙；彼後身菩薩亦復如是，雖在母胎而住虛空，一切胎垢不淨不能污染，臭穢之氣，彼亦不聞。

「舍利弗！彼不動如來往昔行菩薩道，發如是願：『若我當證無上菩提，於彼佛剎，行菩薩乘及聲聞乘者皆斷諸魔業，諸眾生類於一切種於一切時，令諸魔眾不得其便，亦猶於我行菩薩行時斷一切魔業，而彼諸菩薩乃至未成諸大功德，常勤攝受修菩提行。』

「舍利弗！彼不動如來、應、正等覺往昔行菩薩行，演說諸法及聽聞時，身之與心不生疲倦。何以故？彼初發心修菩薩行時，得法身威力故。

「舍利弗！不動如來、應、正等覺往昔行菩薩行時，作如是願：『我佛剎中所有菩薩摩訶薩皆得法身圓滿，如我無異。』」

佛剎功德莊嚴品第二

爾時，舍利弗白佛言：「世尊！如佛已說不動如來修菩薩行時所有功德，復願世尊開示廣說不動如來見今剎土功德嚴勝。何以故？使諸補特伽羅行菩薩乘者聞彼功德生愛樂心，欲見彼佛，禮拜供養，住聲聞地補特伽羅證無學者聞彼剎土功德莊嚴，亦希瞻禮供養奉事。」

佛告舍利弗：「善哉！善哉！汝今乃能問如是義，諦聽！諦聽！善思念之，今當為汝分別解說。」

舍利弗言：「唯然！世尊！願樂欲聞。」

佛告舍利弗：「彼不動如來、應、正等覺證一切智時，放大光明，普照三千大千世界。是時大地六種震動，彼世界中所有眾生知不動如來證無上覺，經七晝夜，無有食想，無飢渴想，亦無疲倦宴處睡眠之想，唯有安樂歡喜愛樂善心。而於彼時，世界之中所有眾生及欲界天無有婬欲。何以故？由彼如來本願力故，彼諸眾生現世攝受此諸功德。

「舍利弗！不動如來、應、正等覺證一切智時，彼世界中所有眾生皆至誠合掌向不動如來；由渴仰如來故，能於現世攝受如是無量功德。

「復次，舍利弗！彼佛世界功德莊嚴，無量佛國悉無與等。舍利弗！由彼如來修菩薩行時發斯弘誓願，此佛剎殊勝莊嚴，如我於今本願成就。舍利弗！彼不動如來、應、正等覺證無上菩提時，於其剎那或須臾頃，三千世界所有眾生，若有天眼、若無天眼，彼皆得見不動如來。舍利弗！此亦如來本願成就，令諸有情獲此功德。

「復次，舍利弗！不動如來坐菩提道場證無上覺時，天魔波旬不生障礙之想；復有無數百千諸天，以諸香花及天伎樂供養如來，各持細末栴檀而散佛上，是諸香末及彼花鬘於虛空中合而成蓋。舍利弗！此皆不動如來本願之力今得成滿。

「復次，舍利弗！彼佛得菩提時，大光普遍三千世界，日月諸天光悉不現。此亦不動如來昔願圓滿今獲斯瑞。」

時，舍利弗白佛言：「世尊！彼不動如來昔行菩薩道，誠有廣大精進甲胄，能發如是弘誓之心；由彼往修菩薩行願，能令無數百千眾生殖諸善本於無上菩提，又以善根迴向阿耨多羅三藐三菩提清淨佛剎。」

「如是！如是！迴向願力悉皆圓滿。

「復次，舍利弗！彼佛剎中有菩提樹，成以七寶高一由旬，樹身周圍半拘盧舍，條葉垂蔭周一由旬，下有基陛周四由旬，佛坐其上證菩提道。道樹四邊，有多羅樹及蘇漫那樹周遍行列，微風吹動，出和雅音，世間音樂所不能及。

「復次，舍利弗！彼佛剎中無三惡趣。何等為三？所謂地獄、畜生、剡魔王界，一切眾生成就十善；地平如掌而作金色，無有溝坑荊棘瓦礫；其地柔軟如兜羅綿，足所履時其地即下，隨舉其足還復如初。

「舍利弗！彼佛剎中無三種病。云何為三？謂風、黃、痰所起之病。

「舍利弗！彼佛土中一切有情無虛妄語，亦無醜陋身無臭穢；於貪、瞋、癡皆悉微薄，亦無牢獄囚繫眾生。

「舍利弗！彼佛剎中無有外道異學之衆，所生諸樹常有華果，復有奇樹時號劫波，上出名衣，皆備五色，光花鮮潔，異氣芬芳，於一切時常無變易；譬如天花種種芬馥，彼衣香氣亦復如是，諸服用者身所出香與衣無異；譬如此界富樂之人，名衣自豐，服用如意。

「舍利弗！彼土衆生所須飲食，如三十三天應念而至，無有便利穢惡不淨。

「舍利弗！彼國所居宮殿樓閣，皆以七寶而嚴飾之，於其四邊多諸池沼，八功德水受用隨心，園觀又多悉皆清淨，諸衆生輩多以法樂而居。

「舍利弗！彼剎人倫無有嫉妬，一切女人超諸女寶，獲天功德此無能比，假令況之，百分不及一、千分不及一、百千分不及一，百千俱胝那由他算數譬喻，乃至鄔波尼殺曇分亦不及一。

「舍利弗！彼剎諸人隨其業報感諸床座，皆七寶成嚴麗具足，其所偃息以兜羅綿枕，此皆由不動如來往昔願力，成就如是種種嚴好。

「舍利弗！彼剎諸人所資飲食，色香味等不異諸天。譬如欝單越人無別王者，彼妙喜國亦復如是，唯有不動如來以為法主。又如三十三天奉事帝釋，彼諸人等咸事如來。舍利弗！汝應知彼不動佛剎功德莊嚴。

「舍利弗！彼土衆生心無放逸。何以故？亦由不動如來本願力故。」時，一比丘聞佛讚揚不動如來佛剎功德，心生貪著而白佛言：「世尊！我今願生不動佛剎。」

佛告比丘：「汝之愚迷豈得生彼！何以故？不以愛著之心而得往生，唯有殖諸善本、修諸梵行得生彼故。

「復次，舍利弗！彼土衆生隨其所樂，有清淨池應念而見，八功德水充滿其中，飲漱洗沐皆適人意，有不樂者即便不見。舍利弗！彼佛剎中香風和暢，悅可衆心，而彼香風為諸天人作諸香事，曲從人心，有至、不至。舍利弗！此皆不動如來本願力故，功德莊嚴。

「復次，舍利弗！彼佛剎中女人衣服及莊嚴具從樹而生，隨意受用；彼國女人無女過失，不如此界諸女等心多嫉妬、兩舌、惡口，又彼懷孕之時至於誕育，母子安適亦無穢汚。何以故?此皆不動如來本願力故。舍利弗!彼佛剎中有如是等安隱快樂。

「舍利弗!彼不動如來、應、正等覺佛剎土中,無有市易商賈,亦無田業農作,常得快樂。舍利弗!彼佛剎中歌詠遊戲,無有婬欲相應,彼諸人等唯受法樂。舍利弗!彼佛剎中所有蘇漫那樹及多羅樹而為行列,微風吹動,出和雅音,假使天人音樂不如彼樹。

「舍利弗!若菩薩摩訶薩欲攝佛土者,應當攝受如是功德及淨修佛國,如不動如來行菩薩行,攝受佛剎功德莊嚴。

「舍利弗!彼佛土中無諸黑闇,雖有日月不現暉光。何以故?不動如來常有光明普照佛剎故。舍利弗!譬如高大樓閣密閉戶牖,以摩尼寶置於室中,其內有情雖經晝夜常覩光耀,彼佛剎中諸衆生類見如來光,亦復如是。」

「舍利弗!大樓閣者,彼方妙喜世界;摩尼寶者,此喻不動如來;摩尼寶光者,喻佛光明;閣中有情,譬妙國土諸群生等。舍利弗!不動如來隨所行住,有千葉蓮花自然承足，是華金色，世無可喻。舍利弗！此亦不動如來、應、正等覺殊勝力之所成就。」

時，舍利弗復白佛言：「世尊！彼不動如來若入室中，金色蓮花為承足不？」佛告舍利弗言：「斯事微淺，何勤致問？彼佛世尊若入村坊舍宅，其千葉華即隨而現。若有善男子、善女人作如是念：『若如來降尊入此室者，足下蓮花應聚一處。』隨其所念，花則為聚。若復有人願花住空，即如彼念，在空中住，由彼如來威神力故。

「舍利弗！彼承足蓮華，與諸人等為塔供養。舍利弗！彼佛世尊為演法故，遍遊三千大千世界，隨所行處其花即現，又復如來隨所化現他方剎土，其金色花亦現於彼；以佛威力故，三千大千世界皆以金色千葉蓮花莊嚴其土。」

聲聞眾品第三

「復次，舍利弗！彼不動如來於說法時，能善調伏無量眾生，皆令現證阿羅漢果，安住靜慮、八解脫者，其數甚多。舍利弗！彼不動如來、應、正等覺有無量無數諸聲聞衆，我不見若算師、算師弟子有能算數彼聲聞衆，爾許頻婆羅、殑伽羅、波頭摩、阿羅吒，若干阿頻婆、阿部多。舍利弗！如此算數無有能知彼聲聞衆，定其數量若干名者。

「舍利弗！如我此剎諸善男子獲預流果、斯陀含果、阿那含果，則無其數，於彼剎中證阿羅漢，亦復如是。

「舍利弗！譬如懈怠預流果入七返受生，為其說法方獲勝果，我說名為七返生人。

「舍利弗！若有於不動如來初說法時獲預流果，第二說法證斯陀含，第三說法證阿那含，第四說法證阿羅漢者，此諸人等非一坐定得盡諸漏名懶惰人。

「舍利弗！彼佛剎中得預流者，於此現身而得漏盡，非如此界經七返生。斯陀含者，即於現生能盡苦際，*非如此界經一往來名斯陀含。阿那含者，彼於現身成阿羅漢，非如此界往上地生，不還來此名阿那含。

「舍利弗！不動如來於彼剎中說諸聲聞行位差別，乃至安立如是聖果；若善男子、善女人能了此法，不住諸識及於學地而身歿亡，住無學地方取滅度。

「舍利弗！無學地者，是阿羅漢地假名建立；言無學者，是阿羅漢假名建立。舍利弗！彼不動如來，諸聲聞眾清淨具足安住堅固。舍利子！此是不動如來，諸聲聞眾假名建立，所謂大阿羅漢諸漏已盡，所作已辦，棄捨重擔，逮得己利，盡諸有結，正教解脫，是諸羅漢多住靜慮、八解脫中。

「舍利弗！彼不動如來有如是等諸聲聞眾，具足功德之所莊嚴。

「復次，舍利弗！彼佛剎中以金、銀、琉璃三寶為階，從閻浮提至忉利天。舍利弗！三十三天，若欲樂見不動如來禮拜供養，彼諸天眾從寶階下，至於佛所。時，彼諸天見閻浮提人富盛具足，便生愛樂作如是言：『我等諸天有天福報，彼閻浮提人有人福報，我今所見殊勝之福與我無異。』然閻浮提復有勝福過於天者，謂不動如來演說正法，是故天眾常樂人間。

「舍利弗！閻浮提人若昇天者，了無愛樂。何以故？不動如來在於人間，常演正法饒益我等，然我之福報不異諸天，是故三十三天所不能及。舍利弗！彼界人天以佛神力互得相見，譬如此界閻浮提人見諸星月。舍利弗！彼諸人衆仰觀上界諸天宮殿，亦復如是。舍利弗！此亦是不動如來本修菩薩行時，願力成就。

「舍利弗！彼佛說法之聲，普遍三千大千世界，聽法四衆，間無空缺。舍利弗！彼聲聞衆唯希法食無餘食想，於聽法時一心寂靜，若坐、若立，身心無倦。

「舍利弗！不動如來住虛空中為衆說法，彼聲聞衆若得神通及不得者，以佛威力皆住虛空，以三威儀而聽法要。何等為三？謂行、住、坐。是聲聞輩若欲涅槃，結加趺坐而便滅度。爾時，大地為之震動，既滅度已，一切天人皆來供養。或有阿羅漢將欲滅度，身中出火而自闍維；或有自然化滅，無遺舍利；或有於滅度時遊行空中，如五色雲，須臾消散滅無遺迹；或住虛空如降時雨，至地消盡。舍利弗！此亦不動如來、應、正等覺，本修菩薩行時作如是願：『若我得證無上菩提，諸聲聞衆以三威儀而取滅度。』

「復次，舍利弗！彼佛國中諸聲聞衆，多獲四無所畏，得四神足者復多於此。舍利弗！彼剎土中諸聲聞眾，成就如是具足功德。」

時，舍利弗白佛言：「世尊！彼不動如來、應、正等覺，諸聲聞眾功德熾盛，廣大成就。」

大寶積經卷第十九

大寶積經卷第二十

大唐三藏菩提流志奉　詔譯

不動如來會第六之二菩薩眾品第四

爾時，尊者舍利弗作如是念：「世尊今者已說聲聞功德，復願說諸菩薩具足功德。何以故？一切功德從此出生。」

爾時，世尊知其所念，告舍利弗：「彼佛剎中有無量百千億諸菩薩眾皆來集會，所有出家菩薩以佛神力隨所聽聞，皆能領悟受持讀誦。舍利弗！我於此界說法至少，比不動如來所說法藏，百分、千分、百千分、億百千分、算分、數分、迦羅分、鄔波尼殺曇分亦所不及。舍利弗！此皆不動如來、應、正等覺修菩薩行時發如是願：願我成佛，彼剎土中所有菩薩，以我威力隨所聽聞，皆能領悟受持讀誦。舍利弗！是諸菩薩由彼如來本願神力，於佛所聞悉能領受諷誦通利。

「復次，舍利弗！若彼菩薩自心欲樂往異佛土，舉心便至；形服言音善同方俗，於彼如來禮拜供養，聽聞正法善為問難，能事已周，還歸佛所。舍利弗！此賢劫中有九百九十六佛當出於世，若有菩薩樂見此如來者，應願生彼不動佛剎。舍利弗！若善男子、善女人從此佛剎及餘佛剎，於命終後，若已生、若今生、若當生不動如來佛剎中者，必不信住諸聲聞地。何以故？彼行佛道常遇如來，天魔波旬不得其便，於二乘地永斷相續，必定當得無上菩提，常在如來諸大集會。

「舍利弗！汝應當知，若住不動如來清淨佛剎者，彼諸眾生終不退墮，不可引攝亦不退還，住無上菩提，有大勢力不可搖動，永無退轉。舍利弗！若有善男子、善女人於此世界或他世界，若命終後生於彼土，即於生時得如是念：『我已入如來室住無畏城。』舍利弗！彼諸菩薩所有言議，皆與般若波羅蜜相應，互相遵敬起導師想。

「復次，舍利弗！彼佛剎中諸菩薩眾，在家者少，出家者多，皆以佛神力隨所聽聞，即能領悟受持諷誦。舍利弗！若在家菩薩摩訶薩雖不繫念，於法會中隨在方所若坐、若立，以佛神力皆能聽聞，領悟受持讀誦通利，彼出家菩薩亦復如是，諸在異方乃至諷誦無別。是諸菩薩捨身受身，於所聞經終不忘失，於諸佛土隨願受生。舍利弗！彼亦是不動如來本願功德之所莊嚴。

「舍利弗！若菩薩於一生中，欲見無量百千億那由他諸佛者，應當願生不動如來之所；若菩薩於彼生已，即見無量諸佛種諸善根，復能為無數百千眾生演說法要，令諸眾生增長善根。舍利弗！此賢劫中諸佛世尊當出於世，若諸菩薩以衣服、飲食、臥具、醫藥、種種資具供養如來，便即出家，既出家已，於諸佛所淨修梵行，以此善根，方餘菩薩於不動如來之所，於一生中與波羅蜜相應，所有福聚百分不及一、千分不及一，算分、迦羅分、數分、喻分、鄔波尼殺曇分亦不能及。舍利弗！此亦不動如來清淨佛剎功德莊嚴。

「舍利弗！若有菩薩從此世界或餘世界於壽終後，若已生、現生、當生不動如來佛剎者，一切皆得不退轉位。何以故？彼佛剎中天魔波旬不為障礙，亦無魔業之所嬈亂。舍利弗！譬如毒蛇神呪所伏不能為害，一切諸蟲見彼毒蛇亦無憂懼；然此毒蛇雖無毒害，由本業故，受此蛇身故名毒蛇。

「舍利弗！彼魔波旬亦復如是，由不動如來往修菩薩行時，本願善根如是迴向：願我當證無上菩提，調伏諸魔不為障惱，彼諸菩薩、聲聞、凡夫乃至三千大千世界亦不為障惱。然由先業所感受此魔身，生彼天中而自悔責，無始故業獲此身名，雖得自在，常生厭患；於彼如來說法之時，諸魔眷屬常預聽聞，聞已心淨，於聲聞眾而生愛樂。云何當得住於寂靜少欲知足？彼諸魔眾常起出家之心，而無障礙之想故，彼國中聲聞、菩薩及凡夫眾，皆由彼佛往昔精勤弘誓威力得安樂住。舍利弗！此亦不動佛剎殊勝莊嚴。」

時，舍利弗白佛言：「世尊！若有善男子、善女人，以七寶滿三千大千世界，持用布施願生彼國；由茲行願，此善男子、善女人終不退墮聲聞、辟支佛地，從一佛剎至一佛剎，歷事供養諸佛如來，於諸佛所聽聞正法，雖未證得無上菩提，而能見彼無量百千乃至億那由他百千諸佛，於諸佛所種諸善根。世尊！若善男子、善女人由此方便，以七寶滿三千大千世界持用布施，由茲善捨往生彼國。」

佛告舍利弗：「如是！如是！彼善生善往，如是諸菩薩摩訶薩滿彼剎中。舍利弗！譬如金礦精加鑄鍊，除去砂礫唯有真金，造諸飾好嚴身之具。舍利弗！彼佛剎中菩薩摩訶薩住於真實，亦復如是。然彼菩薩摩訶薩清淨集會，汝今應知。

「復次，舍利弗！彼佛剎中所有菩薩若已生、若現生、若當生，如是菩薩皆行一行，所謂住如來行。舍利弗！云何如來行？所謂超過聲聞、辟支佛地，言行一行者是彼假名。是故，舍利弗！若菩薩摩訶薩樂行一行者，應當願生彼佛剎土。舍利弗！我所授記得不退轉菩薩摩訶薩，此輩應生不動佛所。

「舍利弗！是諸菩薩生彼佛剎者，我不捨離。譬如剎利灌頂大王有敵國來，欲侵財位，王既聞已，作是思惟：『我之妃后、愛子不堪禦敵，及諸財寶收入宮城，不為怨敵之所侵害。』王之國祚安靜無虞，威震強敵，不憂災難。舍利弗！我不捨離諸菩薩者亦復如是，如彼王之寶物、愛子、妃后。修菩薩行者應如是知，彼佛剎中無有畏懼猶如宮城；彼敵王者即魔波旬，於菩薩行人*難為障礙；如彼灌頂大王不被怨敵之所侵擾，如來亦復如是，不為天魔之所擾惱。

「舍利弗！譬如有人畏於債主遠適邊國，不為債主及於他人之所陵奪。何以故？由路遠險絕，債主家人不能達彼；彼諸菩薩生妙喜國者，波旬路絕亦復如是。

「舍利弗！此三千大千世界天魔波旬，常為菩薩、聲聞作諸障礙，妙喜剎中諸天魔眾不為魔業，彼諸菩薩若已生、現生、當生，常無恐怖。何以故？由彼如來本行菩薩道時，所有善根如是迴向：我證無上正等覺時，彼天魔眾不為障惱及作魔事。

「舍利弗！譬如丈夫善服毒藥能使消化，方為食事無有諸毒，彼剎天魔亦復如是，常加利益不為損害。舍利弗！彼佛剎土成就如是無量功德。」

爾時，舍利弗作是思惟：「我今欲見彼佛世界不動如來、應、正等覺及聲聞眾。」

爾時，世尊知舍利弗心之所念，則以神力，不起于座，皆令得見。告舍利弗言：「汝今見不？」

答言：「已見。」

佛告舍利弗：「汝見彼諸天、人微有勝劣殊異相不？」

答言：「不見。何以故？我見妙喜國人衣服飲食及諸珍玩，皆是諸天樂具。彼不動如來處眾說法，猶若金山光明赫奕；諸聲聞眾無量無邊，譬如有人遊於大海，中流四望，涯際莫知，觀彼聲聞亦復如是。是諸聲聞隨所聽法，身心不動如入禪定，匪如此界入定之人時或搖動。

「世尊！若善男子、善女人以七寶滿三千大千世界持用布施，由茲善捨彼諸菩薩善得往生妙喜世界。何以故？彼亦如是得不退轉。世尊！譬如王使遠適他國，執持符印經途來往，關防主司莫能為礙。何以故？以王印力，人無遮止。彼諸菩薩摩訶薩亦復如是，或從此界，若他世界壽命終後，於彼佛剎若已生、若現生、若當生，皆不退轉於阿耨多羅三藐三菩提；從一佛剎至一佛剎，常不遠離諸佛世尊，皆當速證無上菩提。」

時，舍利弗復白佛言：「世尊！彼界所生菩薩摩訶薩，與此世界預流果人無有差別。何以故？如預流果人不墮惡趣，彼界菩薩若已生、現生、當生，亦皆斷諸惡趣及聲聞、辟支佛地，乃至未證無上菩提，從一佛剎至一佛剎，不離諸佛及聲聞衆。」

佛告舍利弗：「如是！如是！是諸菩薩摩訶薩受生彼國，不墮聲聞、辟支佛地，*乃至未證無上菩提，從一佛土至一佛土，常得現前供養諸佛，及當證得佛菩提果。舍利弗！譬如預流果人，決定當得聲聞菩提，終不墮惡趣，是諸菩薩亦復如是，或從此世及以他世，命終之後受生彼剎，彼皆決定當證阿耨多羅三藐三菩提；從一佛剎至一佛剎，於諸佛所，常不遠離阿耨多羅三藐三菩提。」

時，舍利弗復白佛言：「世尊！於此世界所有一來向及一來果，乃至住阿羅漢向及羅漢果，與彼佛剎所生菩薩摩訶薩等無有異。」

佛告舍利弗：「汝勿作此言。何以故？於此佛剎，菩薩摩訶薩佛授記者，與彼所生菩薩等無有異。復次，舍利弗！於此世界坐道場菩薩，與彼所生菩薩等無有異。何以故？彼諸菩薩行如來行，不為天魔之所得便，於二乘地永斷相續，從一佛剎至一佛剎，常能供養一切如來，乃至證得無上正覺。」

爾時，阿難作如是念：「我今應察長老須菩提辯才之力。」作是念已，白須菩提言：「我等應觀不動如來及聲聞衆，兼彼佛土。」

時，須菩提告阿難言：「汝欲見彼如來者，今應且觀上方。」

爾時，阿難觀上方已，白須菩提言：「我極觀上方皆空寂靜。」

須菩提言：「彼不動如來、諸聲聞衆及彼佛土亦復如是，如見上方。」

爾時舍利弗白佛言：「世尊！如佛所說，此世獲記菩薩，與彼所生菩薩等無有異。世尊！我今不知以何為等？」

佛告舍利弗：「以法界等故，得無有異。」

涅槃功德品第五

爾時，尊者舍利弗復作是念：「世尊已說不動如來、應、正等覺修菩薩道功德無邊，又說彼土及聲聞、菩薩殊勝德業，廣大莊嚴，復願世尊於茲開示彼佛滅度化迹如何？」

爾時，世尊知舍利弗心之所念，告言：「舍利弗！不動如來般涅槃日，化身分布一切世界，於地獄中說諸妙法，以法調伏無量有情，皆當證得阿羅漢果；然此時獲果方滅度前，證無學人轉增其數。即於此日，授香象菩薩摩訶薩記云：『汝於我滅度後當得作佛，號曰：金蓮如來、應、正等覺。』

「復次，舍利弗！彼金蓮如來佛剎功德聲聞衆數，與不動如來等無有異。

「復次，舍利弗！不動如來入般涅槃，是時大地普皆震動，一切三千大千世界震吼發聲，其聲上徹乃至阿迦尼吒天，諸天聞已，即知彼佛入於涅槃。

「復次，舍利弗！彼佛剎中所有叢林及諸藥草，皆悉傾向不動如來涅槃之處。是時，天人悉以華鬘雜香及諸衣服而散佛上，所散香花周匝圍繞高一由旬。

「復次，舍利弗！彼涅槃時，三千大千世界所有天、龍、夜叉、乾闥婆、阿修羅、迦樓羅、緊那羅、摩睺羅伽等，皆向不動如來合掌作禮。他方諸天以佛神力，悉皆得見入般涅槃：，是諸天人經七晝夜，心懷悲惱，不受人天嬉戲娛樂，亦無欲想，互相謂言：『不動如來為世光明，作衆生眼。今取滅度，一何速哉！』

「舍利弗！若菩薩摩訶薩從此世界或餘世界，於命終後生彼佛剎，若現生彼，皆得授阿耨多羅三藐三菩提記，非可以百數而數彼，以千數及百千數。

「舍利弗！是百千菩薩摩訶薩數者，應知入如來數，皆入佛數；皆入佛數，入一切智性數。若有菩薩摩訶薩當生彼剎者，亦皆得入如來等數。

「舍利弗！除彼不退菩薩摩訶薩，所餘菩薩於此世界，若不聞稱讚不動如來功德法門者，皆為惡魔之所攝受。

「復次，舍利弗！不動如來般涅槃後，乃至正法住世，彼佛剎中所生菩薩摩訶薩，亦當入其數。所以者何？由彼如來本願力故，是諸菩薩若於後時受生彼者，應當讀誦百八法門，讀誦茲已，方能受持彼一切法，不動如來之所安立一百八法門本性。我滅度後，若有菩薩摩訶薩當生彼剎者，亦當讀誦一百八法門及能受持一切法門。

「舍利弗！不動如來、應、正等覺，善能攝受諸菩薩摩訶薩，佛雖滅度，其說法聲及莊嚴功德，與佛在世等無有異。

「復次，舍利弗！彼不動如來、應、正等覺，從身出火而自闍維，舍利遺形皆作金色，譬如低彌羅樹隨分斷處皆有卍（萬音）字之文，如來舍利亦復如是。

「復次，舍利弗！不動如來所有舍利分分周圓，表裏皆有吉祥之相（相表之文其狀如下）卍。舍利弗！譬如補羅迦樹，隨解之處中表皆有吉祥之文，彼佛舍利亦復如是。

「舍利弗！彼國衆生為供舍利起七寶塔，遍滿三千大千世界，又以金色千葉蓮華而為供養，其大千世界即以塔、華而為嚴飾。

「復次，舍利弗！若諸菩薩於不動佛國將滅度者，臨壽終時曾不失念，而見如是種種瑞相：或有菩薩見當生土，無有如來，自方作佛；或見彼有佛，當即奉事；或見菩薩入於母胎；或見菩薩被大甲冑；或見捨家趣於非家；或見坐於道場降伏魔軍；或見菩薩證一切智智；或見菩薩於某世界成等正覺，轉於法輪；或有菩薩住虛空中，自身漸滅，不遺少分，譬然濕草，煙氣上騰，漸以消散至于滅盡。舍利弗！是諸菩薩既滅度已，一切天人備修供養。

「復次，舍利弗！不動如來以大涅槃，般涅槃已，正法住世經百千劫。」時，舍利弗白佛言：「世尊！不動如來正法所住，是何等劫？」

佛告舍利弗：「二十小劫以為一劫，彼住如是百千劫數。舍利弗！正法滅已，有大光明照十方界，地皆震動，發大音聲，然彼非天魔之所能壞，亦非如來及聲聞衆而自沈隱。但由彼時人少有聽聞，多無欲樂，能說法者皆悉遠之，既於正法寡聞，轉增不信，不信增長則無精勤；知法比丘自當退靜，觀無樂欲不復弘宣，彼佛微言漸當隱沒。」

往生因緣品第六

爾時，尊者舍利弗白佛言：「世尊！菩薩摩訶薩以何因緣善根之力，於彼佛剎而得受生？」

佛告舍利弗：「若菩薩摩訶薩欲生妙喜世界者，應學不動如來往昔菩薩行，發弘誓心願生其國，如是行願能作因緣，生彼佛剎。

「復次，舍利弗！菩薩摩訶薩行檀波羅蜜時，以此相應善根迴向無上菩提，願與不動如來共相會遇。舍利弗！以此因緣當生彼界。如是菩薩摩訶薩行尸波羅蜜乃至般若波羅蜜，亦復如是。

「復次，舍利弗！不動如來光明普照三千大千佛之剎土，願於來世當見此光證無上覺，因見光已，成大菩提，復以身光遍滿世界。舍利弗！菩薩以是因緣當生彼土。

「復次，舍利弗！彼不動如來、應、正等覺，諸聲聞衆無量無邊，願我當見，見已起如是行，證佛菩提；證菩提時，亦有如是無量無數諸聲聞衆。舍利弗！以是因緣故，菩薩摩訶薩於彼佛剎而得受生。

「復次，舍利弗！彼佛剎中菩薩摩訶薩無量無邊，我當欲見此諸菩薩，行禪定行，願當隨學，與諸菩薩處處結集，同學、同乘、同俱究竟，願當會遇欲求圓滿大慈悲者、欲求菩提及沙門者、捨離二乘心者、安住真實空性者、於佛如來一切智性及法僧名號念住相續者。舍利弗！若善男子、善女人，聞是色類菩薩名者，於彼佛剎當得受生，何況與般若波羅蜜相應善根，迴向不動如來、應、正等覺！舍利弗！以是因緣，是人於彼佛土決定當生。

「復次，舍利弗！若菩薩摩訶薩願生彼佛剎者，於東方無量世界諸佛如來說微妙法及聲聞眾，應以其像隨念在前，願我當證菩提，說微妙法及聲聞眾，皆如彼佛。

「舍利弗！是諸菩薩應修三種隨念善根，願與一切眾生平等共習，以此善根迴向阿耨多羅三藐三菩提。舍利弗！如是菩薩迴向善根無有限量，假使一切眾生，各持一器，量等虛空，作如是言：『丈夫彼之善根分與於我！』舍利弗！此諸善根若有色相，給與眾生，皆滿其器，各各持去，而彼善根亦無窮盡，以迴向阿耨多羅三藐三菩提，無有限量，不可移轉故。

「舍利弗！彼三隨念所成迴向一切種智，以此善根三寶隨轉。

「舍利弗！若有菩薩成此善根，應知不墮一切惡趣，而能摧伏波旬及諸魔眾，於彼①佛刹隨樂受生，乃至南西北方、四維上下亦復如是，皆得隨願受生。是故菩薩摩訶薩於此隨念善根，應當積集；彼積集已，應迴向不動如來，故於彼刹當得受生。

「復次，舍利弗！不動如來佛刹功德廣大莊嚴，於無量佛刹中彼皆無有，是故菩薩摩訶薩應當發如是心：『我以此善根，願當見彼土！彼土莊嚴，願當攝受，亦願當見彼諸菩薩！』舍利弗！以此因緣，菩薩當生彼國。

「舍利弗！菩薩摩訶薩願生彼佛刹者，應發增上樂欲之心。舍利弗！若善男子、善女人發增上心，我皆與記：於彼佛刹而得受生。舍利弗！譬如有城，無有樓閣、園林、池沼，亦無象馬遊行之處，彼城之王雖有力安處，而城無樓閣諸功德故，則非莊嚴。舍利弗！我此佛刹亦復如是，無彼功德故，則非嚴飾。舍利弗！我此刹中若有如是功德莊嚴，則如不動如來佛刹嚴勝。

「舍利弗！若菩薩摩訶薩願當攝受清淨佛刹者，應如不動如來往修菩薩行，植眾德本，嚴淨佛刹已，及當如是攝取功德。

「復次，舍利弗！如我今時得阿耨多羅三藐三菩提已，調伏無量眾生，於二乘道皆獲果證，及我聲聞所調伏者悉皆積聚，方彼如來諸聲聞眾，百分不及一，千分不及一，百千分、億百千分、數分、算分、喻分、鄔波尼殺曇分亦不及一。何以故？由數無量故，若言解脫則無有異。

「且止斯事。舍利弗！彼彌勒如來當出於世，諸聲聞眾及彼調伏所餘聲聞，以方不動如來聲聞之數，不及之分如上應知。

「舍利弗！由彼如來於一說法，善能調伏無量有情，然彼世尊之所攝受，無有能知其數量者。

「舍利弗！我之聲聞及彌勒如來諸聲聞眾，乃至賢劫諸佛世尊所有聲聞，及彼聲聞當所調伏餘聲聞眾，彼皆積聚，比不動如來諸聲聞眾，百分不及一，乃至鄔波尼殺曇分亦不及一。何以故？其數多故，解脫無異故。」

時，舍利弗白佛言：「世尊！如我解佛所說義者，應知彼阿羅漢剎非愚夫剎。何以故？彼佛剎中阿羅漢多故。」

佛告舍利弗：「如是！如是！如汝所說，彼佛剎中多漏盡阿羅漢故。

「復次，舍利弗！此三千大千世界星宿數量，不如彼佛聲聞眾多，由彼如來於一說法，無量有情得阿羅漢。舍利弗！此三千大千世界星宿猶有數量，彼一一會無量有情得阿羅漢故，諸會聲聞無有數量。

「復次，舍利弗！彼剎天、人殖眾善本，餘界人天縱以天眼亦不能見。舍利弗！假令餘界諸天及人，往彼剎中善男子、善女人所，盡其天眼亦不得見。

「若人聞此功德稱揚法門，聞已受持讀誦通利，彼善男子等，皆於不動如來往昔行菩薩行時，皆已見聞，是故聞此法門即得信心清淨。舍利弗！東方一切世界諸剎土中，若菩薩乘人，或聲聞乘人，於此法門讀誦通利者，其數甚多。彼諸菩薩及聲聞人，由願力故，於不動剎中若已生、現生、當生，唯除不退菩薩，由彼菩薩於諸剎中當得阿耨多羅三藐三菩提故，南西北方、四維上下亦復如是。

「舍利弗！彼不動如來於妙喜世界及他方剎土，在菩薩等乘中而為上首。

「舍利弗！若有善男子、善女人聞不動如來功德法門，善能受持讀誦通利，願生彼剎者，乃至命終，不動如來常為護念，不使諸魔及魔眷屬退轉其心。

「舍利弗！應知是善男子或善女人，乃至無上菩提，無有退轉之怖，亦無水、火、刀、杖、惡獸、毒蟲之所損害，亦不為人非人等之所怖畏。何以故？由不動如來常加護念，於彼佛剎當受生故。

「舍利弗！譬如日輪雖復遙遠，與閻浮提眾生而作光明，不動如來亦復如是，雖在遙遠，能與他界諸菩薩眾而作光明。

「舍利弗！譬如比丘有天眼者，能見遠方諸善惡色；不動如來雖在彼剎，餘世界中諸菩薩眾所有形類等色皆悉能見。

「舍利弗！又如比丘得心自在，獲彼神通波羅蜜者，雖在遙遠，了知一切有情之心；不動如來亦復如是，能知餘界諸菩薩心。

「舍利弗！譬如比丘證得天耳，身雖在遠，能聞諸聲；不動如來亦復如是，餘世界中所住眾生作如是言：我於彼剎願當生者，彼佛皆聞。

「舍利弗！如是色類善男子、善女人所有姓名，不動如來皆悉了知。若有受持讀誦通利此功德法門者，此諸人等，皆為不動如來之所知見及已護念。」

時，舍利弗白佛言：「希有！世尊！乃至彼佛世尊護念彼諸菩薩摩訶薩！」

如是白已，佛告舍利弗：「如是！如是！如汝所言，彼菩薩摩訶薩，如來之所護念。何以故？由護念菩薩故，一切眾生皆得護念。舍利弗！譬如剎利灌頂大王，多有倉廩盈儲穀豆，嚴誡主司善令監守。何以故？於饑饉世當濟群生。舍利弗！是諸菩薩於彼如來滅度之後，當證無上正等菩提，能於正法饑饉之時作大豐稔；如來亦復如是，善能覆護此諸菩薩。

「舍利弗！於此世界有諸菩薩，當聞不動如來功德法門，能善受持讀誦通利，於彼佛剎願欲受生，應知此人得不退轉。舍利弗！若餘菩薩於此法門，善能受持讀誦通利，為無量無數百千眾生開示演說，亦令諸有情如是殖眾善本，使當親近無上菩提。

「舍利弗！若菩薩願速證無上菩提者，應當受持讀誦通利如是法門，為諸眾生開示演說。何以故？菩薩摩訶薩應如是演說此功德門大智慧業，當如是如是發起積集，彼諸人等由發起積集故，於其現身諸漏當盡。

「舍利子！是故聲聞乘者若聞彼法門，應當受持讀誦通利，廣為衆生開示演說。何以故？此善男子、善女人由受持如是正法，於其現身當證無學。

「舍利弗！若有淨信男子、女人於此功德稱讚法門，應當為他時時演說，彼諸人等不越兩生，當於現身得盡諸漏。

「復次，舍利弗！此不動如來所有功德稱讚法門，非愚淺者之所能受，其有智慧深廣方能受持。

「舍利弗！彼善男子、善女人當見諸佛，於此功德稱讚法門必當身得。舍利弗！譬若無價寶珠從海持來，於意云何，此無價寶何人先得？」

舍利弗白佛言：「世尊！有諸國王、王子、大臣，此人先得。」

佛告舍利弗：「彼佛功德法門亦復如是，菩薩先得；是諸菩薩當不退轉，若聞此法，必能受持讀誦通利，為無上菩提於真如性當勤修學。」

舍利弗白佛言：「世尊！若諸菩薩欲住不退地者，聞此稱讚法門，應當受持讀誦通利。何以故？菩薩摩訶薩住此法門，於法性中當不退轉。」

佛告舍利弗：「假使有人*純以金寶滿閻浮提持用布施，冀聞此法，終亦不聞。何以故？此功德法非薄福眾生當執持故。

「復次，舍利弗！若聲聞乘人聞此功德法門受持讀誦，為無上菩提及真如相應故精勤修習，彼於後身當得成就，或於二生補處，或復三生，終不超過，當成正覺。彼若聞此稱讚法門讀誦通利，復為無量百千眾生開示演說。

「舍利弗！如轉輪王，以先業感七寶*現前；不動如來亦復如是，以本願力，我今說此功德法門。

「舍利弗！若諸菩薩摩訶薩於此稱讚法門，若已聞、若當聞者，彼皆由不動如來往昔行菩薩行時慈悲願力，或當於賢劫中諸佛世尊之所，預聞開示此之法門，如我於今演說開示，不增不減名數若干。

「舍利弗！是故菩薩摩訶薩欲速證無上菩提者，於此功德稱讚法門，應當受持讀誦通利，為他廣說。

「復次，舍利弗！若善男子、善女人為求此法門故，於彼村落城邑，聽聞受持讀誦通利，雖出家菩薩居白衣家，我說無過，亦隨聽住。何以故？彼善男子、善女人於命終後，欲令此法當不隱沒。

「舍利弗！若彼村邑在於遙遠，是諸菩薩亦當應往，及住彼中受持讀誦，開示演說。舍利弗！彼善男子、善女人於已流布稱讚法門，或於他人有是經卷，應可詣彼而書寫之；彼人若有願求汝當斷*貪，或使經行、若坐、若立等，應曲隨教命書寫是經。若於彼村求不能得，應詣隣境書寫受持讀誦通利，復為他人開示演說。若往餘方勤求不獲，彼人應發如是誓心：『我於無上菩提，不應生於退轉之*想，由我已聞不動如來法門名號，是人於我欲為利益，令我聽聞。』

「舍利弗！如是稱讚法門，有能演說及預聞者，皆由如來威神之力。」

時，舍利弗白佛言：「世尊！如來滅後，由誰威力而當得聞？」

「舍利弗！我滅度後，由不動如來威神之力，當復得聞；或由四大天王、釋提桓因等當勤加護，令諸法師宣揚此法；及彼菩薩本業成熟，四天王等威加策進，令諸菩薩而得聽聞。」

舍利弗白佛言：「世尊！如此法門能成就廣大功德。」

佛告舍利弗：「如是！如是！如汝所言。舍利弗！若於國中雨雹為災，非時霹靂及餘種種可怖之事，彼善男子、善女人等，應當專念不動如來及稱名號，是諸災害皆得消除。由彼如來往昔弘濟百千諸龍解脫眾苦，又由慈悲本願誠諦不虛，迴向善根要期圓滿故，稱彼名號憂患自消，唯除有情宿業成熟。」

舍利弗白佛言：「世尊！是諸菩薩現身欲證無上菩提者，應如不動如來往修願行。」

佛告舍利弗：「如是！如是！如汝所言。舍利弗！少有菩薩摩訶薩已能如是具修淨剎及當淨修，如不動如來者。舍利弗！彼諸菩薩皆當證得阿耨多羅三藐三菩提，而於佛性及一切智、攝受佛國悉皆同等，菩薩、聲聞非無優劣，而於解脫則無有異。」

爾時，欲界諸天及梵眾天等，皆向彼如來合掌頂禮，而三唱言：「南無不動如來、應、正等覺，甚為希有！」又歸命此界釋迦牟尼如來、應、正等覺，善能說彼稱讚法門。

爾時，欲界諸天以曼陀羅花及諸天香以散佛上，所散香華於虛空中合而成蓋，復以諸天花香，遙散彼佛以為供養。時，天帝釋作如是念：「我此四衆及欲界諸天，皆欲見彼不動如來、應、正等覺。」

爾時，世尊知彼釋天心之所念，結加趺坐安處虛空，是諸大衆，以佛神力亦住空中，皆遙見彼妙喜世界不動如來及聲聞衆。衆皆見已，右膝著地，向不動如來、應、正等覺。

爾時，此界衆人皆作是念：「豈非三十三天為見彼佛，而來集會禮拜供養？」是時，帝釋作如是念：「彼界諸天以人相而住，我見彼諸人等服玩資具，與彼諸天無少優劣。」

爾時世尊攝神通已，告天帝言：「彼諸人民皆受天樂，汝應愛樂。是諸人等，見彼如來及愛樂彼受天資具者，彼諸衆生從餘世界命終以後，皆得往生不動佛剎。」

爾時，舍利弗告帝釋言：「汝見釋迦牟尼佛及不動如來，由此緣故，汝於此身得大善利，況汝已得過人之法！」

時，天帝釋作如是念：「彼諸衆生聞此法門亦得善利，何況得生不動佛剎！」

爾時，佛告天帝釋言：「彼菩薩乘人當生彼佛剎者，亦得善利。何以故？彼諸菩薩皆應得住不退轉故；若餘菩薩於其現身，願生彼佛國者，應知皆是住不退轉。」

佛說此法門時，五百比丘於無漏法心得解脫；五千菩薩、六千比丘尼、八千優婆塞、十千優婆夷，及欲界中無量天子，於彼佛剎皆願受生。如來是時皆與授記，於彼佛剎當獲往生。若餘有情當願生者，如來亦當與記生彼佛剎。是時，三千大千世界六種震動，所謂動、遍動、等遍動、搖、遍搖、等遍搖、震、遍震、等遍震，由此法門所加持故。

佛說此經已，舍利弗等，及諸世間天、人、阿修羅、乾闥婆、迦樓羅、緊那羅、摩睺羅伽，聞佛所說，皆大歡喜，信受奉行。

大寶積經卷第二十

大般若波羅蜜多經

見不動佛品

大般若波羅蜜多經卷第五百六十五

大唐三藏法師玄奘奉　詔譯

第五分見不動佛品第二十四

爾時，如來四眾圍繞，讚說般若波羅蜜多，付阿難陀令受持已，復於一切苾芻、苾芻尼、鄔波索迦、鄔波斯迦、天、龍、藥叉、健達縛等大眾會中現神通力，令眾皆見不動如來、應、正等覺，聲聞、菩薩大眾圍繞，為如大海不可動會宣說正法，及見彼土嚴淨之相。其聲聞僧皆阿羅漢，諸漏已盡無復煩惱，得真自在心善解脫、慧善解脫，如調慧馬亦如大龍，已作所作已辦所辦，棄諸重擔逮得己利，盡諸有結正智解脫，至心自在第一究竟。其菩薩僧一切皆是眾望所識，得陀羅尼及無礙辯，成就無量不可思議、不可稱量微妙功德。佛攝神力，令此四衆、天、龍、藥叉、健達縛等不復見彼不動如來、應、正等覺，聲聞、菩薩及餘大衆并彼佛土嚴淨之相。彼佛衆會及嚴淨土皆非此土眼根所照。所以者何？佛攝神力，於彼遠境無見緣故。

爾時，佛告阿難陀言：「不動如來、應、正等覺國土衆會，汝更見不？」

阿難陀言：「我不復見彼事，非此眼所行境故。」

時，佛復告阿難陀言：「如彼如來衆會國土非此土眼所行境界，當知諸法亦復如是，非眼根等所行境界。慶喜！當知法不行法，法不見法，法不知法，法不證法。慶喜！當知一切法性無能行者、無能見者、無能知者、無能證者、無動、無作。所以者何？以一切法皆無作用，能取、所取俱如虛空，性遠離故；以一切法不可思議，能、所思議皆如幻士，性遠離故；以一切法無作、受者，如光影等，不堅實故。慶喜！當知若諸菩薩能如是行，名行般若波羅蜜多，於諸法相無所執著；若諸菩薩能如是學，名學般若波羅蜜多，於一切法無所取捨。

「慶喜！當知若諸菩薩欲得一切波羅蜜多，速疾圓滿至一切法究竟彼岸，應學般若波羅蜜多。所以者何？如是學者於諸學中為最為勝、為尊為高、為妙為微妙、為上為無上，利益安樂一切世間。慶喜！當知若諸菩薩能如是學，無依怙者為作依怙，諸佛世尊開許稱讚修學般若波羅蜜多。慶喜！當知諸佛菩薩學此學已安住此中，能以右手若右足指，舉取三千大千世界，擲置他方或還本處，其中有情不知、不覺、無損、無怖。所以者何？其深般若波羅蜜多功德威力不可思議。過去、未來、現在諸佛及諸菩薩，學此般若波羅蜜多，於去、來、今及無為法，悉皆獲得無礙智見。是故，慶喜！我說能學甚深般若波羅蜜多，於諸學中為最為勝、為尊為高、為妙為微妙、為上為無上。

「慶喜！當知諸有欲取甚深般若波羅蜜多量、邊際者，如愚癡者欲取虛空量及邊際。何以故？甚深般若波羅蜜多功德無量、無邊際故。慶喜！當知我終不說甚深般若波羅蜜多，如名身等有量、邊際。所以者何？名、句、文身是有量法，甚深般若波羅蜜多功德勝利非有量法，非名身事能量般若波羅蜜多功德勝利，亦亦非般若波羅蜜多功德勝利是彼所量。」

具壽慶喜便白佛言：「何因緣故，甚深般若波羅蜜多說為無量？」

佛告慶喜：「甚深般若波羅蜜多性無盡故、性遠離故說為無量。慶喜！當知三世諸佛皆學般若波羅蜜多，究竟圓滿證得無上正等菩提，為諸有情宣說開示，而此般若波羅蜜多常無減盡。所以者何？甚深般若波羅蜜多如太虛空不可盡故，諸有欲盡甚深般若波羅蜜多則為欲盡虛空邊際。是故，慶喜！甚深般若波羅蜜多說為無盡，由無盡故說為無量。」

爾時，善現作是念言，「此處甚深，我當問佛。」作是念已，便白佛言：「甚深般若波羅蜜多，如來何故說為無盡？」

佛告善現：「甚深般若波羅蜜多猶如虛空不可盡故。」

具壽善現復白佛言：「云何菩薩引發般若波羅蜜多？」

佛告善現：「諸菩薩眾應觀諸色、受、想、行、識皆無盡故，引發般若波羅蜜多，應觀無明乃至老死皆無盡故，引發般若波羅蜜多。如是，善現！諸菩薩眾應作如是引發般若波羅蜜多。善現！當知諸菩薩衆如是觀察十二緣起遠離二邊。如是觀察十二緣起無中無邊，是諸菩薩不共妙觀，謂要安坐妙菩提座，方能如是如實觀察十二緣起理趣甚深，如太虛空不可盡故，便能證得一切智智。善現！當知若諸菩薩以如虛空無盡行相，行深般若波羅蜜多，如實觀察十二緣起，不墮聲聞及獨覺地，疾證無上正等菩提。

「善現！當知諸菩薩衆若於無上正等菩提有退轉者，皆由不依如是作意方便善巧，不如實知諸菩薩衆行深般若波羅蜜多。云何應以無盡行相引發般若波羅蜜多，如實觀察十二緣起？善現！當知諸菩薩衆若於無上正等菩提有退轉者，皆由遠離引發般若波羅蜜多方便善巧。善現！當知諸菩薩衆若於無上正等菩提不退轉者，一切皆依引發般若波羅蜜多方便善巧。是諸菩薩由依如是方便善巧，行深般若波羅蜜多，以如虛空無盡行相，如實觀察十二緣起，如是觀察緣起法時，不見有法無因而生，不見有法性相常住，不見有法有作受者。是諸菩薩行深般若波羅蜜多，以如虛空無盡行相，如實觀察十二緣起，引發般若波羅蜜多，能疾證得一切智智。

「善現！當知若時菩薩如實觀察十二緣起，引發般若波羅蜜多，是時菩薩都不見色、受、*想、行、識，不見此佛世界，不見彼佛世界，不見有法能見此彼諸佛世界。若諸菩薩能如是行甚深般若波羅蜜多，是時惡魔極生憂惱如中毒箭，譬如有人父母卒喪身心苦痛，惡魔亦爾。」

具壽善現便白佛言：「為一惡魔見諸菩薩行深般若波羅蜜多，極生憂惱如中毒箭，為遍三千大千世界一切惡魔皆亦如是？」

佛告善現：「遍滿三千大千世界一切惡魔，見諸菩薩行深般若波羅蜜多，極生憂惱如中毒箭，各於本座不能自安。所以者何？若諸菩薩住深般若波羅蜜多，世間天、人、阿素洛等伺求其短皆不能得，亦復不能擾亂退壞。是故，善現！若諸菩薩欲證無上正等菩提，當勤安住甚深般若波羅蜜多。若諸菩薩能勤安住甚深般若波羅蜜多，則能修滿布施、淨戒、安忍、精進、靜慮、般若波羅蜜多。若諸菩薩能正修行甚深般若波羅蜜多，便能具足修滿一切波羅蜜多方便善巧，諸魔事起皆能如實覺知遠離。

「是故，善現！若諸菩薩欲正攝受方便善巧，應正修行甚深般若波羅蜜多。若時菩薩修行引發甚深般若波羅蜜多，是時無量無邊世界諸佛世尊皆共護念。是諸菩薩應作是念：『彼諸如來、應、正等覺亦從般若波羅蜜多生一切智。』作是念已，復應思惟：『如諸如來、應、正等覺所應證法，我亦當證。』

「如是，善現！若諸菩薩修行引發甚深般若波羅蜜多，作是思惟經彈指頃所生福聚，勝有所得諸菩薩眾經如殑伽沙數大劫修行布施所獲功德，何況能於一日、半日！是諸菩薩不久當住不退轉地，常為如來、應、正等覺共所護念。諸菩薩眾若為諸佛所護念者，定證無上正等菩提，不墮聲聞、獨覺等地，於諸惡趣決定不生，常生天、人不離諸佛。若諸菩薩修行引發甚深般若波羅蜜多，憶念思惟諸佛功德，經彈指頃，尚獲無邊功德勝利，況經一日若過一日，勇猛精進修行引發甚深般若波羅蜜多，憶念思惟諸佛功德！如香象等，諸菩薩眾不動佛所常修梵行，不離般若波羅蜜多。」

時，薄伽梵說是經已，無量菩薩摩訶薩衆，慈氏菩薩而為上首，具壽善現、舍利子等諸大聲聞，并諸天、龍、健達縛等，一切大衆聞佛所說，皆大歡喜信受奉行。

大般若波羅蜜多經卷第五百六十五

小品般若波羅蜜經

見阿閦佛品

小品般若波羅蜜經卷第九

後秦龜茲國三藏鳩摩羅什譯

見阿閦佛品第二十五

佛說般若波羅蜜，是時會中四眾比丘、比丘尼、優婆塞、優婆夷、天、龍、夜叉、乾闥婆、阿修羅、迦樓羅、緊那羅、摩睺羅伽、人非人等，佛神力故，見阿閦佛在大會中恭敬圍繞而為說法，如大海水不可移動，時諸比丘皆阿羅漢，諸漏已盡無復煩惱，心得自在；及諸菩薩摩訶薩其數無量。佛攝神力，大會四眾等皆不復見阿閦如來及聲聞、菩薩、國界嚴飾。

佛告阿難：「一切法亦如是，不與眼作對，如今阿閦佛及阿羅漢、諸菩薩眾皆不復現。何以故?法不見法,法不知法。阿難!一切法非知者、非見者、無作者、無貪著,不分別故。阿難!一切法不可思議,猶如幻人;一切法無受者,不堅牢故。菩薩如是行者,名為行般若波羅蜜。於法亦無所著,菩薩如是學者,名為學般若波羅蜜。阿難!若菩薩欲到一切法彼岸,當學般若波羅蜜。何以故?阿難!學般若波羅蜜於諸學中最為第一,安樂利益諸世間故。阿難!如是學者,無依止者為作依止;如是學者,諸佛所許,諸佛所讚。諸佛如是學已,能以足指震動三千大千世界。阿難!諸佛學是般若波羅蜜,於過去、未來、現在一切法中,得無礙知見。阿難!是故般若波羅蜜最上最妙。阿難!若欲稱量般若波羅蜜,即是稱量虛空。何以故?是般若波羅蜜無量故。阿難!我不說有般若波羅蜜有限有量。阿難!名字章句語言有量,般若波羅蜜無量。」

「世尊!何因緣故般若波羅蜜無量?」

「阿難!般若波羅蜜無盡故無量,般若波羅蜜離故無量。阿難!過去諸佛皆從般若波羅蜜出,而般若波羅蜜不盡;未來諸佛皆從般若波羅蜜出,而般若波羅蜜不盡；現在無量世界諸佛皆從般若波羅蜜出，而般若波羅蜜不盡；是故般若波羅蜜已不盡，今不盡，當不盡。阿難！若人欲盡般若波羅蜜，為欲盡虛空。」

爾時須菩提作是念：「是事甚深，我當問佛。」即白佛言：「世尊！般若波羅蜜無盡耶？」

「須菩提！般若波羅蜜無盡，虛空無盡故般若波羅蜜無盡。」

「世尊！應云何出生般若波羅蜜？」

「須菩提！色無盡故是生般若波羅蜜，受、想、行、識無盡故是生般若波羅蜜。須菩提！菩薩坐道場時，如是觀*十二☆因緣，離於二邊，是為菩薩不共之法。若菩薩如是觀因緣法，不墮聲聞、辟支佛地，疾近薩婆若，必得阿耨多羅三藐三菩提。須菩提！若諸菩薩有退轉者，不得如是念，不知菩薩行般若波羅蜜，云何以無盡法觀十二因緣？須菩提！若諸菩薩有退轉者，不得如是方便之力。須菩提！若諸菩薩不退轉者，皆得如是方便之力，所謂菩薩行般若波羅蜜，以如是無盡法觀十二因緣。若菩薩如是觀時，不見諸法無因緣生，亦不見諸法常，不見諸法作者、受者。須菩提！是名菩薩行般若波羅蜜時觀十二因緣法。須菩提！若菩薩行般若波羅蜜時，不見色，不見受、想、行、識，不見此佛世界，不見彼佛世界，亦不見有法見此佛世界、彼佛世界。須菩提！若有菩薩能如是行般若波羅蜜，是時惡魔憂愁如箭入心，譬如新喪父母，甚大憂毒；菩薩亦如是行般若波羅蜜，惡魔甚大憂毒。」

「世尊！但一惡魔愁毒？三千⊙大千☆世界惡魔皆悉愁毒耶？」

「須菩提！是諸惡魔皆悉憂毒，各於坐處不能自安。須菩提！菩薩如是行般若波羅蜜，一切世間天人阿修羅無能得便，不見有法可退者。是故，須菩提！菩薩欲得阿耨多羅三藐三菩提，當如是行般若波羅蜜。菩薩如是行般若波羅蜜時，則具足檀波羅蜜、尸羅波羅蜜、羼提波羅蜜、毘梨耶波羅蜜、禪波羅蜜；菩薩行般若波羅蜜時，則具足諸波羅蜜，亦能具足方便力。是菩薩行般若波羅蜜，諸有所作生便能知。是故，須菩提！菩薩欲得方便力者，當學般若波羅蜜，當修般若波羅蜜。須菩提！若菩薩行般若波羅蜜，生般若波羅蜜時，應念現在無量無邊世界諸佛，諸佛薩婆若智，皆從般若波羅蜜生。菩薩如是念時，應如是思惟：『如十方諸佛所得諸法相，我亦當得。』須菩提！菩薩行般若波羅蜜應生如是念。

「須菩提！若菩薩能生如是念乃至彈指頃，勝於如恒河沙劫布施福德，何況一日、半日！當知是菩薩必至阿毘跋致，當知是菩薩為諸佛所念。須菩提！菩薩為諸佛所念者，不生餘處，必當*至於阿耨多羅三藐三菩提，是菩薩終不墮三惡道，常生好處，不離諸佛。須菩提！菩薩行般若波羅蜜，生般若波羅蜜，乃至彈指頃得如是功德，何況一日、若過一日！如香象菩薩，今在阿閦佛所行菩薩道，常不離般若波羅蜜行。」

說是法時，諸比丘眾一切大會天、人、阿修羅皆大歡喜。

阿閦如來念誦供養法

阿閦如來念誦供養法一卷

開府儀同三司特進試鴻臚卿肅國公食邑三千戶賜紫贈司空謚大鑒正號大廣智大興善寺三藏沙門不空奉　詔譯

敬禮遍照尊，　我今依契經，　略說阿閦佛，　修行念誦儀。
行者應當禮，　五方諸如來，　盡想虛空中，　遍滿如胡麻。
即對一一佛，　盡心而懺悔，　隨喜及勸請，　我所積集福，
迴向諸有情。　次即對本尊，　應當結跏坐，　端身應正直，
閉目離攀緣，　即起悲愍心，　觀察無邊界。　初結三昧耶，
次誦金剛輪，　滅除諸過咎，　即當結甲印，　加持於五處。

次作金剛橛，堅牢道場地，復結方隅界，壇中觀大海。
中想彌盧山，上觀寶樓閣，閣*中師子座，種種供養具，
眾寶以莊嚴。次結車輅印，想奉妙喜剎，即靜虛空道。
又結請寶車，及以部心請；復應作辟除，及示三昧耶。
即結金剛網，奉獻閼伽水，想浴無垢身，復當奉尊座。
次第獻五供，即結虛空藏，盡於無邊界，一一想雲海。
以身親奉獻，即當誦讚歎，或讚百八名，即結部母印。
加持本所尊，及護於自身；次結本尊印，即當捧珠鬘。
加持已頂戴，諦住而念誦，即入字輪觀。以此殊勝福，
迴向於有情。即結本尊印，次誦部母明，如前五供養。
及讚本尊德，即獻閼伽水，應結外院印，左轉而解界。
復結寶車輅，外撥而奉送，想尊還本宮，重結三昧耶。
五悔如前作，即起隨自意，讀誦大乘經，或住三摩地。

印塔思六念，　以福資悉地，　是名菩薩行。

行者入本尊精舍，面向東方踋跪合掌，諦想一切如來諸大菩薩微塵數衆，遍十方界由如胡麻，如對目前，於中復想五方如來各禮一拜。禮一切如來真言曰：

唵⊙一　薩嚩怛他誐跢⊙二　迦引耶嚩吉質多播引娜滿娜喃迦嚕冥⊙三

由誦此真言，　作禮於諸佛，　即於十方剎，　禮事悉圓滿。

即右膝著地合掌當心，而懺諸咎，我從無始時來至于今身，所作衆罪十惡、四重、五無間等無量無邊，今對一切諸佛大菩薩前，深生悔恨發露陳懺，一懺已後更不復造。懺悔真言曰：

唵⊙一　薩嚩播引跛娑普吒⊙二①　娜訶曩嚩日囉引二合野娑嚩引二合訶⊙引三☆

由誦此真言，　實相理相應，　諸罪如枯草，　焚盡無有餘。

次應思惟一切如來、諸大菩薩、緣覺、聲聞及諸凡夫積集福智，我今盡隨喜，如一切如來隨喜一切福智，我今亦如是隨喜。隨喜一切福智真言曰：

唵⊙一　薩嚩怛他誐跢⊙二　奔尼野二合枳穰引二合曩努慕娜曩⊙三　布惹引冥伽三母捺囉

二合引⊙四 娑登二合囉拏三麼曳吽五

由誦此真言，　諸佛及菩薩，　二乘凡夫福，　獲殊勝隨喜。

次諦觀，一切如來遍周法界初成正覺，即想己身處彼海會一一佛前，誠心勸請願諸如來哀愍我等轉無上法輪。請轉法輪真言曰：

唵⊙一　薩嚩怛他引誐跢引地曳二合沙拏二　布惹冥伽三母捺囉二合⊙三　娑登二合囉拏三昧曳吽四

由誦此明故，　一切諸如來，　雜染清淨剎，　轉無上法輪。

次應勸請，十方諸佛如來不般涅槃，願諸如來哀愍有情，久住世間不般涅槃，於無量劫廣作利益。請不般涅槃真言曰：

唵⊙一　薩嚩怛他誐單引⊙二　曩地曳二合沙夜引冥⊙三　薩嚩薩怛嚩二合呬哆引囉他引野⊙四　達摩馱到悉體他以反底娑嚩覩⊙五

由誦此真言，　一切諸如來，　復住無量劫，　廣利益有情。

行者作是思惟，我今禮佛、懺悔、隨喜、勸請，言如是積集無量福智，願皆迴向一切衆生，佛所稱讚殊勝悉地，願諸有情皆得圓滿。

迴向發願真言曰：

唵⊙一　薩嚩怛他引誐路⊙二　商悉路引薩嚩薩怛嚩引二合南引⊙三　薩嚩悉地藥三鉢睍耽引⊙四　怛他引誐路室者引二合地底瑟綻二合耽⊙引五☆

由誦此真言，　諦誠發勝願，　一切衆生類，　速皆得悉地。

行者於本尊像前，結跏趺坐，或半跏、或吉祥、乃至輪王等隨意而坐。復想一切如來及諸菩薩金剛部衆，起大悲愍，拔濟安樂一切有情，願一切衆生速得無上菩提悉地。

即結佛部印，　止觀虛心合，　開掌定輔進，　惠輔於定側。

專注於一緣，　思惟佛相好，　真言誦三遍，　置頂便散之。

佛部三昧耶真言曰：

唵⊙一　怛他引誐姤納婆二①　嚩引野娑嚩引二合訶

由誦結此印，　一切佛部衆，　加持於行者，　不違自本誓。

次結蓮花部，　虛心作合掌，　微開進念定，　即想觀自在。
具相持蓮花，　而住瑜伽定，　分明誦三遍，　頂右而散之。

蓮花部三昧耶真言曰：

唵⊙一　跛娜謨二合納婆二合嚩引野娑嚩二合引訶引⊙二

由誦結印故，　一切蓮花部，　聖衆來雲集，　本願而加持。
次結金剛部，　止觀反相叉，　餘力三鈷形，　心想執金剛。
威德手持杵，　具相身嚴飾，　應當誦三遍，　頂左而散之。

金剛部三昧耶真言曰：

唵⊙一　嚩日嚧二合納婆二合嚩引野娑嚩二合引訶引⊙二

由誦及結印，　一切執金剛，　皆集來現前，　與願不違誓。
次結甲冑印，　二羽內相叉，　念力並申合，　定輔如杵形。
額肩心及喉，　五處各一遍。　思惟身威光，　熾盛遍圍遶，
諸魔及障者，　馳散不敢覩。

金剛甲冑真言曰：

唵⊙一　嚩日囉二合引銀儞二合鉢囉二合捻跋跢二合引也娑嚩引二合訶⊙引二☆

由結甲印故，遠離於諸障，能遮惡趣門，亦護諸衆生。

次結金剛輪，大威德印契，二羽內相叉，竪二念定力。

二念糺定合，二慧並申合，安契當於心，誠心誦七遍。

金剛輪真言曰：

娜麼悉底嚹三合野一　陀尾二合迦引南引⊙二　薩嚩怛他引誐跢引南引三　暗引四　尾囉爾五　尾囉爾六　摩賀引嚩日囉二合七　娑跢娑跢八　呰引囉帝九　呰引囉帝十　怛邏二合異十一　怛邏二合異十二　尾馱麼儞十三　三畔若儞十四　怛囉二合麼底十五　悉馱引佗㘑二合怛嚂二合沙嚩二合引訶引⊙十六☆

由誦此真言，如再入輪壇，失念破三昧，菩薩與聲聞。

身口二律儀，四重五無間，是等諸罪障，悉皆得清淨。

次當結地界，進念互相交，信定慧竪合，雙慧輔於地。

三拍想下方，熾成獨鈷杵，徹至金剛際，想除地過患。

金剛橛真言曰：

唵◎一　枳里枳里◎二　嚩日囉二合嚩日哩二合◎三　部[口*律]二合◎四　滿馱滿馱吽發吒半音◎五

由結地印故，盡想道場內，即成金剛地，諸魔不得便。

以微少功行，速證三摩地，身心不疲倦，遠離於昏沈。

次結金剛牆，准前下方契，擽開二慧豎，三匝而右旋。

心想金剛牆，赫奕起威焰，遍護於道場，以成方隅界。

金剛牆真言曰：

唵◎一　薩囉薩囉◎二　嚩日囉二合鉢囉二合迦引囉◎三　吽發吒半音◎四

由結牆印故，諸魔及障者，毘那夜迦等，四散而馳走。

次結大海印，止觀仰相叉，即成於海印，當心而旋轉。

應想成大海，深廣無邊際，清淨八功德，皆從法界生。

大海真言曰：

唵◎一　尾麼路娜地吽◎二

次結須彌印，　止觀內叉拳，　真言誦三遍，　即想妙高山。
四寶而成就，　七金山圍遶，　山頂想樓閣，　衆寶以莊嚴。
須彌山真言曰：
唵⊙一　阿左攞吽⊙二
次結虛空藏，　明妃大密印，　二羽金剛縛，　進力如寶形。
餘度竪如幢，　止觀互相交，　即成供養儀，　次第修如是。
次想於殿中，　本尊與眷屬，　各依花位座，　塗香及花鬘。
燒香摩尼燈，　閼伽及賢瓶，　殊妙天飲食，　寶柱而行列。
以我功德力，　如來加持力，　及以法界力，　普供養而住，
虛空藏大明妃真言曰：
唵⊙一　誐誐曩三婆嚩嚩日囉二合穀*二
由誦結此印，　虛空藏本尊，　不越本願力，　皆成實供養。
次應結寶車，　止觀仰相叉。　二定側相拄，　二慧輔定側，

真言誦三遍，　奉送本尊剎。

奉車輅真言曰：

唵⊙一　覩嚕覩嚕吽⊙二

行者持香鑪，　即靜虛空道，　真言誦三遍，　壞裂魔羅網。

靜治道路真言曰：

唵一　蘇悉地迦哩二　惹嚩合二理路引難引路三　慕嘌怛曳四　惹嚩合二攞惹嚩合二攞⊙五

滿馱滿馱⊙六　賀曩賀曩⊙七　吽發吒半音⊙八

心想七寶車，　衆寶蓋莊嚴，　繒幡寶鈴鐸，　珠鬘遍交絡。

無量諸天樂，　不鼓自然鳴，　皆奏和雅音，　想至妙喜剎。

本尊與眷屬，　乘此寶車輅。　即當結請車，　准前車輅印，

慧力撥二念，　想車至於空。

請上車輅真言曰：

娜麼悉底⿰口隸合二野一　地尾合二迦引南二　薩嚩怛他誐路引南三引　唵四　嚩日⿰口朗合二倪儞夜

（二合）（五）

羯沙野娑嚩（引二合）訶

次結部心印，　止觀內相叉，　左慧向身招，　三遍加來句，

本尊與眷屬，　歡喜赴集會。

部心請真言曰：

唵⊙（一）　嚩日囉（引二合）地力（二合）⊙（二）　翳係係娑嚩（引二合）訶⊙（引三）☆

由誦此真言，　本尊與眷屬，　歡喜赴集會，　與願令成就。

即結辟除印，　止觀金剛形。　先當舉止羽，　外拓作辟除，

一切諸魔羅，　怖畏而馳走。

辟除真言曰：

唵⊙（一）　枳里枳里⊙（二）　嚩日囉（引二合）吽發吒（半音）⊙（三）

由誦及辟除，　諸有魔障者，　從聖隱衆會，　奔馳而四散。

即舉於觀羽，　作示三昧耶，　聖衆憶昔願，　復當赴集會。

示三昧耶真言曰：

唵⊙一　商羯𡃤⊙二　三麼野沙嚩二合引訶引⊙三

次結金剛網，　准前金剛牆，　二慧捻定側，　右旋於頂上。

即成堅固網，　上方諸魔羅，　無有能侵惱，　修行速得成。

金剛網真言曰：

唵⊙一　尾塞普二合引囉捺囉二合引禮叉二①　嚩日囉二合引半惹囉吽發吒半音⊙三

即結密縫印，　止掌輔觀背，　二慧而申直，　真言誦三遍。

右旋及上下，　心想金剛焰，　密合方隅界，　威靈其處所。

金剛火院真言曰：

唵⊙一　阿三摩引銀儞二合吽發吒半音⊙二

次應虔誠心，　奉獻閼伽水，　持器當於額，　運想沐聖衆。

奉閼伽真言曰：

娜莫三滿跢沒馱南*一　誐誐曩三摩引娑摩娑嚩二合引訶引⊙二

次應獻花座，　二羽虛心合，　進念定微屈，　運心而旋轉。

本尊與眷屬，　想坐花臺上，　一一處本位，　觀念令分明。

花座真言曰：

娜莫三滿跢沒馱引南◎一　惡引◎二

次結塗香印，　觀掌向外豎，　止羽握右觀，　心想塗香雲，

遍塗聖衆海。

塗香供養真言曰：

唵一　嵃馱磨引禰儞二　嚩囉苨三　鉢囉引二合底仡哩二合疊拏二合娑嚩引二合訶引◎四

纔結塗香印，　遍於印契中，　無量香天女，　各持塗香器。

盡於無邊剎，　供養佛聖衆，　不久當獲得，　五分具法身。

次結花鬘印，　止觀仰相叉，　二定屈如環，　慧輔定下節。

心想奉花鬘，　用獻聖眷屬。

花鬘供養真言曰：

唵一　麼引攞引馱凝二　嚩日囉二合馱囉娑嚩引二合訶引◎三

纔結花鬘印，　遍於印契中，　無量花天女，　各持花鬘器。
盡於無邊剎，　供養佛聖衆，　不久當獲得，　離染如蓮花。
即結焚香印，　二羽而仰掌，　信進念竪背，　定慧側相拄。
心想燒香雲，　以奉聖眷屬。

焚香供養真言曰：

唵(一)　度跛始契矩嚕⊙(二)　嚩日哩(二合)抳娑嚩(二合引)訶⊙(引三)

纔結焚香印，　遍於印契中，　無量香天女，　各持七寶爐。
盡於無邊剎，　供養佛聖衆，　不久當獲得，　如來無礙智。
次結飲食契，　二羽虛心合，　慧力輔禪側，　狀如食器形。
心想飲食雲，　以奉聖眷屬。

飲食供養真言曰：

唵(一)　磨攞磨攞(二)①　冥伽磨(引)疑儞(三)　鉢囉(二合)底吃哩(二合)疊拏(二合四)　嚩日哩(二合)抳娑嚩(二合引)訶⊙(引五)

纔結飲食契，遍於印契中，無量諸天女，各持寶食器。
盡彼無邊剎，供養佛聖眾，不久當獲得，法喜禪悅食。
次結燈明印，觀羽密作拳，竪念慧側輔，真言誦三遍。
心想摩尼燈，以奉聖眷屬。

寶燈供養真言曰：

唵(一) 惹嚩(引二合)攞(引)麼(引)隸儞(二) 禰跛始契娑嚩(引二合)訶(引⊙三)

纔結燈明印，遍於印契中，無量燈天女，各持摩尼燈。
盡彼無邊剎，供養佛聖眾，不久當獲得，清淨五種眼。
運心悉周遍，無量佛剎中，種種而奉獻，無邊供養儀。
即結虛空藏，大菩薩密印，二羽金剛縛，二定如寶形，
信進如幢剎，二慧而合竪。

虛空藏真言曰：

娜麼薩嚩怛他(引)誐帝鼻喻(二合⊙一) 尾濕嚩(二合)目契鼻藥(二合⊙二) 薩嚩他(引三) 欠嗢娜誐(二合)帝塞

普(二合)囉呬鉿⊙(四) 誐誐曩劍娑嚩(引二合)訶⊙(引五)

即讚本所尊，無量功德聚，或誦百八名，歌詠聲供養。
行者於身中，當心應觀察，圓滿淨月輪，專注令分明。
上想金剛杵，金色五智形，光明遍流出，照觸無邊界。
警覺魔羅宮，廣大作佛事，以此三摩地，而成阿閦佛。
具相觸地印，眷屬以圍遶，即結根本印，加持於四處。

無動如來真言曰：

唵⊙(一) 惡屈蒭(二合)毘野(二合)吽⊙(二)

次結莽莫計，部母大悲者，二羽內相叉，信念慧如針。
三遍加本尊，即當護己身，各誦於一遍，加持於五處。

莽莫計真言曰：

娜謨囉怛娜(二合)怛囉(引二合)夜野⊙(一) 娜麼室戰(二合)拏嚩日囉(引二合)播拏曳⊙(二) 摩訶藥叉細曩鉢跢曳⊙(三) 唵⊙(四) 矩蘭馱哩⊙(五) 滿馱滿馱吽發吒(半音)⊙(六)

次結如來不動大身印，誦本明七遍。大身真言曰：

娜謨婆誐嚩帝① 惡屈蒭(二合)毘夜(二合)野(⊙一) 怛他誐路(引)夜(引)囉訶(二合)帝三藐三沒馱(引)野(⊙二)

怛儞野(二合)他(引⊙三) 迦迦儞迦迦儞(⊙四) 嚧左儞嚧左儞(⊙五) 咄嚧(二合)吒儞咄嚧(二合)吒儞(⊙六)

⊙怛邏(二合)吒儞怛邏(二合)吒儞(七☆) 怛邏(二合)娑儞怛邏(二合)娑儞(⊙八) 鉢囉(二合引)底(丁以反)訶路儞鉢囉(二合引)底訶路儞(⊙九) 薩嚩羯麼跛嚂跛邏野屈蒭(二合)毘野(二合)覩娑嚩(二合引)訶(引⊙十)

次應淨念珠，二羽捧珠鬘，加三遍頂戴。

淨珠鬘真言曰：

唵(⊙一) 吠嚧者娜麼攞娑嚩(二合引)訶(引⊙二☆)

次結持念珠，二羽半金剛，以此持念珠，真言誦三遍。

持珠真言曰：

唵嚩蘇莽底室哩(二合)曳鉢娜莽(二合)忙里儞娑嚩(二合)訶

即誦本尊明，身前觀尊相，自身亦如是，專注離散亂。

或以實相理，與法身相應，真言字分明，不緩亦不急。

或千或百八，一數常准定，念誦當畢已，捧珠於頂上。
遍數付部母，復結三昧耶，誦本明三遍，即入字輪觀。
於心月輪上，行列真言字，金色具威光，思惟實相理。
應觀唵字門，諸法無流注，次念阿字門，諸法本不生。
第三閦字門，諸法無盡滅，第四陛字門，諸法無自性。
第五吽字門，諸法無因緣。一一真言字，觀照法界性，
從初至究竟，注心勿令間。復結部母印，真言誦三遍，
應以歌詠音，讚揚本尊德。重結五供養，奉獻本所尊，
復獻閼伽水，慇勤求本願。隨心上中下，如教獲悉地，
即結外院印，右旋解諸界。次結寶車輅，及結部心印，
送尊皆外撥，復結三部印。護身及五誨，應當如前作，
禮佛隨意樂，讀誦方廣乘。十法行感招，無量無邊福，
契經思六念，皆以實相理。一一應思惟，相應瑜伽教，

若欲除業障，應當印佛塔。或沙及香泥，皆安緣起偈，
積數如經說，終畢現奇特。修集念誦法，以此勝福田，
一切諸有情，速成阿閦佛。

發遣真言曰（用前車輅印三外撥三念）：

唵⊙（一） 嚩日囉（二合引）地力（二合⊙二） 夜呬夜呬娑嚩（二合引）訶（引⊙三）

由誦此真言，即成發遣尊。

除萎花真言曰：

唵⊙（一） 濕微（二合）帝⊙（二） 摩訶濕微（二合）帝⊙（三） 佉（引）娜寧娑嚩（二合引）訶（引⊙四）

次掃地真言曰：

唵⊙（一） 訶囉訶囉（二） 薝（穰古反引）孽囉（二合）訶囉拏（引）耶娑嚩（二合）訶（引⊙三）

塗地真言曰：

唵⊙（一） 迦囉（引）隸⊙（二） 摩訶迦囉隸娑嚩（二合引）訶（引⊙三）

阿閦如來念誦供養法一卷

南無護法韋馱尊天菩薩

全佛文化圖書出版目錄

佛教小百科系列

□ 佛菩薩的圖像解說1-總論•佛部	320
□ 佛菩薩的圖像解說2-菩薩部•觀音部•明王部	280
□ 密教曼荼羅圖典1-總論•別尊•西藏	240
□ 密教曼荼羅圖典2-胎藏界上	300
□ 密教曼荼羅圖典2-胎藏界中	350
□ 密教曼荼羅圖典2-胎藏界下	420
□ 密教曼荼羅圖典3-金剛界上	260
□ 密教曼荼羅圖典3-金剛界下	260
□ 佛教的真言咒語	330
□ 天龍八部	350
□ 觀音寶典	320
□ 財寶本尊與財神	350
□ 消災增福本尊	320
□ 長壽延命本尊	280
□ 智慧才辯本尊	290
□ 令具威德懷愛本尊	280
□ 佛教的手印	290
□ 密教的修法手印-上	350
□ 密教的修法手印-下	390
□ 簡易學梵字(基礎篇)-附CD	250
□ 簡易學梵字(進階篇)-附CD	300
□ 佛教的法器	290
□ 佛教的持物	330
□ 佛教的塔婆	290
□ 中國的佛塔-上	240
□ 中國的佛塔-下	240
□ 西藏著名的寺院與佛塔	330
□ 佛教的動物-上	220
□ 佛教的動物-下	220
□ 佛教的植物-上	220
□ 佛教的植物-下	220
□ 佛教的蓮花	260
□ 佛教的香與香器	280
□ 佛教的神通	290
□ 神通的原理與修持	280
□ 神通感應錄	250
□ 佛教的念珠	220
□ 佛教的宗派	295
□ 佛教的重要經典	290
□ 佛教的重要名詞解說	380
□ 佛教的節慶	260
□ 佛教的護法神	320
□ 佛教的宇宙觀	260
□ 佛教的精靈鬼怪	280
□ 密宗重要名詞解說	290
□ 禪宗的重要名詞解說-上	360
□ 禪宗的重要名詞解說-下	290
□ 佛教的聖地-印度篇	200

佛菩薩經典系列

□ 阿彌陀佛經典	350
□ 藥師佛•阿閦佛經典	220
□ 普賢菩薩經典	180
□ 文殊菩薩經典	260
□ 觀音菩薩經典	220
□ 地藏菩薩經典	260
□ 彌勒菩薩•常啼菩薩經典	250
□ 維摩詰菩薩經典	250
□ 虛空藏菩薩經典	350
□ 無盡意菩薩•無所有菩薩經典	260

佛法常行經典系列

□ 妙法蓮華經	260
□ 悲華經	260
□ 大乘本生心地觀經•勝鬘經•如來藏經	200

☐ 小品般若波羅密經	220	☐ 解深密經・大乘密嚴經	200
☐ 金光明經・金光明最勝王經	280	☐ 大日經	220
☐ 楞伽經・入楞伽經	360	☐ 金剛頂經・金剛頂瑜伽念誦經	200
☐ 楞嚴經	200		

三昧禪法經典系列

☐ 念佛三昧經典	260	☐ 寶如來三昧經典	250
☐ 般舟三昧經典	220	☐ 如來智印三昧經典	180
☐ 觀佛三昧經典	220	☐ 法華三昧經典	260
☐ 如幻三昧經典	250	☐ 坐禪三昧經典	250
☐ 月燈三昧經典(三昧王經典)	260	☐ 修行道地經典	250

修行道地經典系列

☐ 大方廣佛華嚴經(10冊)	1600	☐ 中阿含經(8冊)	1200
☐ 長阿含經(4冊)	600	☐ 雜阿含經(8冊)	1200
☐ 增一阿含經(7冊)	1050		

佛經修持法系列

☐ 如何修持心經	200	☐ 如何修持阿閦佛國經	200
☐ 如何修持金剛經	260	☐ 如何修持華嚴經	290
☐ 如何修持阿彌陀經	200	☐ 如何修持圓覺經	220
☐ 如何修持藥師經-附CD	280	☐ 如何修持法華經	220
☐ 如何修持大悲心陀羅尼經	220	☐ 如何修持楞嚴經	220

守護佛菩薩系列

☐ 釋迦牟尼佛-人間守護主	240	☐ 地藏菩薩-大願守護主	250
☐ 阿彌陀佛-平安吉祥	240	☐ 彌勒菩薩-慈心喜樂守護主	220
☐ 藥師佛-消災延壽(附CD)	260	☐ 大勢至菩薩-大力守護主	220
☐ 大日如來-密教之主	250	☐ 準提菩薩-滿願守護主(附CD)	260
☐ 觀音菩薩-大悲守護主(附CD)	280	☐ 不動明王-除障守護主	220
☐ 文殊菩薩-智慧之主(附CD)	280	☐ 虛空藏菩薩-福德大智守護(附CD)	260
☐ 普賢菩薩-廣大行願守護主	250	☐ 毘沙門天王-護世財寶之主(附CD)	280

輕鬆學佛法系列

☐ 遇見佛陀-影響百億人的生命導師	200	☐ 佛陀的第一堂課-四聖諦與八正道	200
☐ 如何成為佛陀的學生-皈依與受戒	200	☐ 業力與因果-佛陀教你如何掌握自己的命運	220

洪老師禪座教室系列

- ☐ 靜坐-長春.長樂.長效的人生 200
- ☐ 放鬆(附CD) 250
- ☐ 妙定功-超越身心最佳功法(附CD) 260
- ☐ 妙定功VCD 295
- ☐ 睡夢-輕鬆入眠•夢中自在(附CD) 240
- ☐ 沒有敵者-強化身心免疫力的修鍊法(附CD) 280
- ☐ 夢瑜伽-夢中作主.夢中變身 260
- ☐ 如何培養定力-集中心靈的能量 200

禪生活系列

- ☐ 坐禪的原理與方法-坐禪之道 280
- ☐ 以禪養生-呼吸健康法 200
- ☐ 內觀禪法-生活中的禪道 290
- ☐ 禪宗的傳承與參禪方法-禪的世界 260
- ☐ 禪的開悟境界-禪心與禪機 240
- ☐ 禪宗奇才的千古絕唱-永嘉禪師的頓悟 260
- ☐ 禪師的生死藝術-生死禪 240
- ☐ 禪師的開悟故事-開悟禪 260
- ☐ 女禪師的開悟故事(上)-女人禪 220
- ☐ 女禪師的開悟故事(下)-女人禪 260
- ☐ 以禪療心-十六種禪心療法 260

密乘寶海系列

- ☐ 現觀中脈實相成就-開啟中脈實修秘法 290
- ☐ 智慧成就拙火瑜伽 330
- ☐ 蓮師大圓滿教授講記-藏密寧瑪派最高解脫法門 220
- ☐ 密宗的源流-密法內在傳承的密意 240
- ☐ 恒河大手印-傾瓶之灌的帝洛巴恒河大手印 240
- ☐ 岡波巴大手印-大手印導引顯明本體四瑜伽 390
- ☐ 大白傘蓋佛母-息災護佑行法(附CD) 295
- ☐ 密宗修行要旨-總攝密法的根本要義 430
- ☐ 密宗成佛心要-今生即身成佛的必備書 240
- ☐ 無死 超越生與死的無死瑜伽 200
- ☐ 孔雀明王行法-摧伏毒害煩惱 260
- ☐ 月輪觀•阿字觀-密教觀想法的重要基礎 350
- ☐ 穢積金剛-滅除一切不淨障礙 290
- ☐ 五輪塔觀-密教建立佛身的根本大法 290
- ☐ 密法總持-密意成就金法總集 650
- ☐ 密勒日巴大手印-雪山空谷的歌聲，開啟生命智慧之心 480

其他系列

- ☐ 入佛之門-佛法在現代的應用智慧 350
- ☐ 普賢法身之旅-2004美東弘法紀行 450
- ☐ 神通-佛教神通學大觀 590
- ☐ 認識日本佛教 360
- ☐ 華嚴經的女性成就者 480
- ☐ 準提法彙 200
- ☐ 地藏菩薩本願經與修持法 320
- ☐ 仁波切我有問題-一本關於空的見地、禪修與問答集 240
- ☐ 萬法唯心造-金剛經筆記 230
- ☐ 菩薩商主與卓越企業家 280
- ☐ 禪師的手段 280
- ☐ 覺貓悟語 280
- ☐ 蓮花生大士祈請文集 280

女佛陀系列

- ☐ 七優曇華-明末清初的女性禪師(上) 580
- ☐ 七優曇華-明末清初的女性禪師(下) 400

禪觀寶海系列

- ☐ 禪觀秘要 1200
- ☐ 通明禪禪觀-迅速證得六種神通與三種明達智慧的方法 290
- ☐ 首楞嚴三昧-降伏諸魔的大悲勇健三昧 420

高階禪觀系列

- ☐ 通明禪禪觀-迅速開啟六種神通的禪法 200
- ☐ 十種遍一切處禪觀-調練心念出生廣大威力的禪法 280
- ☐ 四諦十六行禪觀-佛陀初轉法輪的殊勝法門 350
- ☐ 三三昧禪觀-證入空、無相、無願三解脫門的禪法 260
- ☐ 大悲如幻三昧禪觀-修行一切菩薩三昧的根本 380
- ☐ 圓覺經二十五輪三昧禪觀-二十五種如來圓覺境界的禪法 400

虹彩光音系列

- ☐ 現觀中脈 250
- ☐ 草庵歌 250
- ☐ 阿彌陀佛心詩 250
- ☐ 觀世音·時空越 250
- ☐ 妙定功法 250
- ☐ 蓮師大圓滿 260
- ☐ 冥想·地球和平 心詩 280

光明導引系列

- ☐ 阿彌陀經臨終光明導引-臨終救度法 350
- ☐ 送行者之歌(附國台語雙CD) 480

淨土修持法

- ☐ 蓮花藏淨土與極樂世界 350
- ☐ 菩薩的淨土 390
- ☐ 諸佛的淨土 390
- ☐ 三時繫念佛事今譯

佛家經論導讀叢書系列

- ☐ 雜阿含經導讀-修訂版 450
- ☐ 異部宗論導讀 240
- ☐ 大乘成業論導讀 240
- ☐ 解深密經導讀 320
- ☐ 阿彌陀經導讀 320
- ☐ 唯識三十頌導讀-修訂版 520
- ☐ 唯識二十論導讀 300
- ☐ 小品般若經論對讀-上 400
- ☐ 小品般若經論對讀-下 420
- ☐ 金剛經導讀 270
- ☐ 心經導讀 160
- ☐ 中論導讀-上 420
- ☐ 中論導讀-下 380
- ☐ 楞伽經導讀 400
- ☐ 法華經導讀-上 220
- ☐ 法華經導讀-下 240
- ☐ 十地經導讀 350
- ☐ 大般涅槃經導讀-上 280
- ☐ 大般涅槃經導讀-下 280
- ☐ 維摩詰經導讀 220
- ☐ 菩提道次第略論導讀 450
- ☐ 密續部總建立廣釋 280
- ☐ 四法寶鬘導讀 200
- ☐ 因明入正理論導讀-上 240
- ☐ 因明入正理論導讀-下 200

離言叢書系列

- ☐ 解深密經密意 390
- ☐ 如來藏經密意 300
- ☐ 文殊師利二經密意 420
- ☐ 菩提心釋密意 230
- ☐ 龍樹讚歌集密意 490
- ☐ 智光莊嚴經密意 420
- ☐ 無邊莊嚴會密意 190
- ☐ 勝鬘師子吼經密意 340
- ☐ 龍樹二論密意 260
- ☐ 大乘密嚴經密意 360
- ☐ 大圓滿直指教授密意 290

談錫永作品系列

- ☐ 閒話密宗 200
- ☐ 西藏密宗占卜法-妙吉祥占卜法（組合） 790
- ☐ 細說輪迴生死書-上 200
- ☐ 細說輪迴生死書-下 200
- ☐ 西藏密宗百問-修訂版 210
- ☐ 觀世音與大悲咒-修訂版 190
- ☐ 佛家名相 220
- ☐ 密宗名相 220
- ☐ 佛家宗派 220
- ☐ 佛家經論-見修法鬘 180
- ☐ 生與死的禪法 260
- ☐ 細說如來藏 280
- ☐ 如來藏三談 300

大中觀系列

- ☐ 四重緣起深般若-增訂版 420
- ☐ 心經內義與究竟義-印度四大論師釋《心經》 350
- ☐ 聖入無分別總持經對堪及研究 390
- ☐ 《入楞伽經》梵本新譯 320
- ☐ 《寶性論》梵本新譯 320
- ☐ 如來藏論集 330
- ☐ 如來藏二諦見 360
- ☐ 聖妙吉祥真實名經梵本校譯 390
- ☐ 聖妙吉祥真實名經釋論三種 390
- ☐ 《辨中邊論釋》校疏 400

甯瑪派叢書-見部系列

- ☐ 九乘次第論集 380
- ☐ 甯瑪派四部宗義釋 480
- ☐ 辨法法性論及釋論兩種 480
- ☐ 決定寶燈 480
- ☐ 無修佛道 360
- ☐ 幻化網秘密藏續釋-光明藏 560
- ☐ 善說顯現喜宴-甯瑪派大圓滿教法 650
- ☐ 勝利天鼓雷音-金剛乘教法史 1040

甯瑪派叢書-修部系列

- ☐ 大圓滿心性休息導引 395
- ☐ 大圓滿前行及讚頌 380
- ☐ 幻化網秘密藏續 480
- ☐ 六中有自解脫導引 520

藏傳佛教叢書系列

- ☐ 章嘉國師(上)-若必多吉傳 260
- ☐ 章嘉國師(下)-若必多吉傳 260
- ☐ 紅史 360
- ☐ 蒙古佛教史 260
- ☐ 西藏生死導引書(上)-揭開生與死的真相 290
- ☐ 西藏生死導引書(下)-六種中陰的實修教授 220
- ☐ 西藏不分教派運動大師 390
- ☐ 西藏 上 360
- ☐ 西藏 下 450

頂果欽哲法王文選(雪謙)

- ☐ 修行百頌-在俗世修行的101個忠告 260
- ☐ 覺醒的勇氣-阿底峽之修心七要 220
- ☐ 如意寶-上師相應法
- ☐ 你可以更慈悲 菩薩37種修行之道 350
- ☐ 證悟者的心要寶藏-唵嘛呢唄美吽 280
- ☐ 成佛之道-殊勝證悟道前行法 250
- ☐ 明月-頂果欽哲法王自傳與訪談錄 650
- ☐ 明示甚深道-自生蓮花心髓前行釋論 300
- ☐ 頂果欽哲法王傳-西藏精神(百歲紀念版) 650

幸福地球系列

- ☐ 不丹的幸福密碼11-11-11 不丹人心目中的仁王，國家幸福力的創造者:四世國王 1111
- ☐ 幸福是什麼？- 不丹總理吉美．廷禮國家與個人幸福26講 380
- ☐ 冥想．地球和平 380
- ☐ 雷龍之吼-不丹王國生存奮鬥史 450
- ☐ 地球企業家之道-地球企業家的核心、願景與實踐 480
- ☐ 和解 250

格薩爾王傳奇系列

- ☐ 格薩爾王傳奇1-神子誕生 280
- ☐ 格薩爾王傳奇2-魔國大戰 260
- ☐ 格薩爾王傳奇3-奪寶奇謀 280
- ☐ 格薩爾王傳奇4-爭霸天下 290
- ☐ 格薩爾王傳奇5-萬王之王 280
- ☐ 格薩爾王傳奇6-地獄大圓滿 290

山月文化系列

- ☐ 西藏繪畫藝術欣賞-平裝本 480
- ☐ 西藏繪畫藝術欣賞-精裝本 680
- ☐ 西藏傳奇大師密勒日巴唐卡畫傳 580
- ☐ 密勒日巴唐卡畫傳(精裝經摺本) 890
- ☐ 西藏健身寶卷 390
- ☐ 達瓦，一隻不丹的流浪犬 240
- ☐ 西藏格薩爾圖像藝術欣賞-上 480
- ☐ 西藏格薩爾圖像藝術欣賞-下 480

特殊文化之旅系列

- ☐ 西藏吉祥密碼(上)-符號、顏色、動植物 260
- ☐ 西藏格薩爾說唱藝人 (附DVD) 350
- ☐ 西藏的節慶-拉薩篇 399
- ☐ 西藏吉祥密碼(下)-裝飾藝術、圖案、儀式 260
- ☐ 西藏民間樂器(附贈西藏傳統音樂CD) 350
- ☐ 西藏的節慶-各地采風篇 399

達賴喇嘛全傳

- ☐ 五世達賴-第一函-上 380
- ☐ 五世達賴-第一函-下 390
- ☐ 五世達賴-第二函-上 250
- ☐ 五世達賴-第二函-下 250
- ☐ 五世達賴-第三函-上 220
- ☐ 五世達賴-第三函-下 220
- ☐ 四世達賴-雲丹嘉措傳 220
- ☐ 三世達賴-索南嘉措傳 295
- ☐ 二世達賴-根敦嘉措傳 220
- ☐ 一世達賴-根敦珠巴傳 250

全套購書85折、單冊購書9折
（郵購請加掛號郵資60元）

全佛文化事業有限公司
新北市新店區民權路95號4樓之1
TEL:886-2-2913-2199
FAX:886-2-2913-3693
匯款帳號：3199717004240
合作金庫銀行大坪林分行
戶名：全佛文化事業有限公司
全佛文化網路書店www.buddhall.com

*本書目資訊與定價可能因書本再刷狀況而有變動，購書歡迎洽詢出版社。

佛菩薩經典系列2

《藥師佛・阿閦佛經典》

主　　編　洪啟嵩
編　　輯　全佛編輯部
出　　版　全佛文化事業有限公司
訂購專線：(02)2913-2199
傳真專線：(02)2913-3693
發行專線：(02)2219-0898
匯款帳號：3199717004240　合作金庫銀行大坪林分行
戶　名：全佛文化事業有限公司
E-mail:buddhall@ms7.hinet.net
http://www.buddhall.com
門　　市　新北市新店區民權路108之3號10樓
門市專線：(02)2219-8189
行銷代理　紅螞蟻圖書有限公司
台北市內湖區舊宗路二段121巷19號（紅螞蟻資訊大樓）
電話：(02)2795-3656　傳真：(02)2795-4100
初　　版　一九九五年十二月
初版三刷　二〇一九年十月
定　　價　新台幣二二〇元
ISBN　978-957-9462-19-8（平裝）

Buddhall

Published by BuddhAll Cultural Enterprise Co.,Ltd.

國家圖書館出版品預行編目資料

藥師佛・阿閦佛經典 / 洪啟嵩主編.
--初版.-- 臺北市：全佛文化, 1995[民84]
面； 公分. -（佛菩薩經典系列；2）

ISBN 978-957-9462-19-8 (平裝)

1.經集部
221.71 84012604

BuddhAll

BuddhAll.

All is Buddha.

BuddhAll